U0473521

列王的纷争
CLASH OF KINGS

⟨ 艺术设定集 ⟩

起源

《COK列王的纷争》游戏工作室————著

新星出版社 NEW STAR PRESS

CLASH OF KINGS

"乌骨"军徽　　"德尔家族"家徽

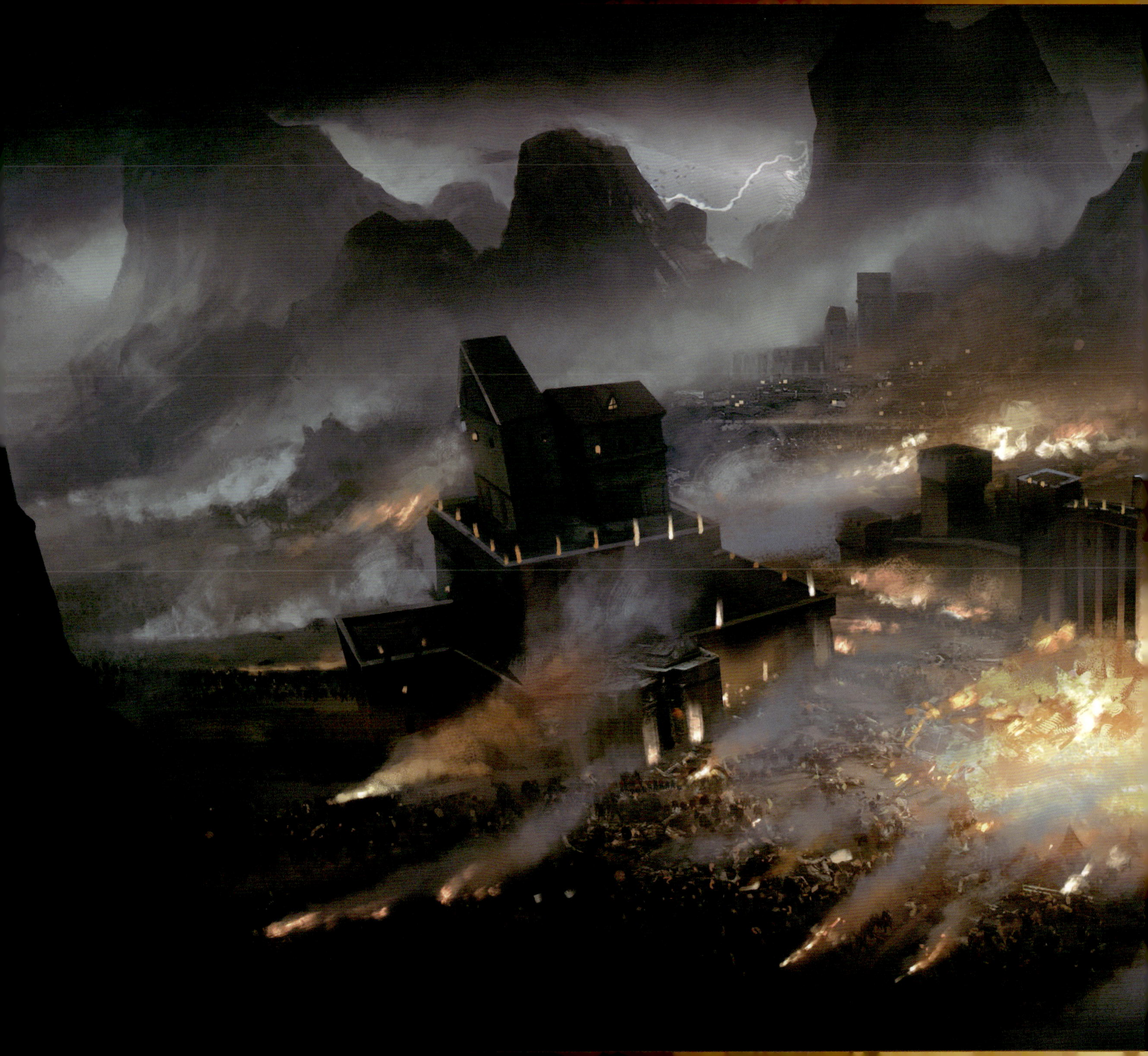

目　录

引　言		6
第一章	起源	8
第二章	复国之战	22
第三章	背叛	40
第四章	英雄与战士	48
第五章	龙	88
第六章	世界	106
第七章	华夏	134
第八章	纷争再起	150

尊敬的各位领主，大家好，欢迎走进《列王的纷争：起源艺术设定集》。《列王的纷争》游戏背景设置在公元5世纪至15世纪之间，即对我们今天生活方式造成重大影响的中世纪时期。这款作品也是《列王的纷争》首次叩响现代社会的大门。

中世纪时期的人类文明是一段反差鲜明、矛盾重重的历史。雄伟壮丽的城堡和色彩绚丽的宫殿代表了富足与浮华，而没有巩固的国家政权和各地封建领主割据一方，长年的混战则彰显了混乱与贫困。这是一个科技生产力严重不足，而战乱频发的时代，长年的战争催生出了大量国王、骑士、武士、士族等统治阶级，而更多的统治阶级人口，则激化了更多的矛盾，从而引发了更多的战争。对于大多数民众而言，他们在这个时代生活得格外艰辛、穷苦和"愚昧麻木"。

当然，正是这些矛盾与战争，为我们的游戏设定提供了理想的素材，使其充满了戏剧化矛盾和强烈艺术反差。总体而言，我们会强化战争元素，例如新英雄、海战等，既凸显了玩法策略的多样性，也为《列王的纷争》创造出与之前截然不同的独特视觉特色。

我们的视觉设计主旨在于创造出逼真、多彩、饱满和反差强烈的世界，同时还需要兼具铁血和残酷，才能与那个时代的现实环境精准吻合。我们在制定美术方向上定下了三大关键词：荣耀、战争、策略，在设计一切素材时，都要力求与每个关键词取得共鸣。

同时我也想借此机会，感谢世界各地《列王的纷争》制作团队所付出的辛勤努力，感谢所有内外部的合作伙伴，因为有你们，这款游戏才得以呈现出今天的样貌。

最后我要以个人名义感谢创造出这些华美概念原画的全体概念原画师，是他们让这本书的诞生成为可能。他们发挥的作用远不止是对我们的创造性进行激发、支持与指引，在团队之中堪称自豪的源泉，最重要的是，他们为我们缔造梦想。

——《列王的纷争》美术总监

列王的纷争
CLASH OF KINGS

第一章 起源

巴尔德尔　泰利德尔引以为傲的大儿子，霍尔德尔的亲哥哥。为人正直、冷酷、无所畏惧，具有强大的领导力。

德尔家族谱系

　　巴尔作为王国的继承人，从小就开始接受王室优秀的教育和严苛的军事训练。然而随着王国的分裂和母亲莎尔拼死将自己与弟弟送出了北方的战乱之地后，性情大变，养成了冷酷坚毅的性格。成年后的巴尔德尔与霍尔德尔加入了地方军队。由于强大的身体素质和卓越的军事素养，巴尔很快便组织了属于自己的军队，因为在战场上的英勇无畏，巴尔被南方的领主们称为"无畏之狮"。统一了王国南方之后，巴尔以国王之名召集了先王的旧部，并准备收复北方。在击败"黑骑士"，马上就要平定战乱之时，霍尔德尔突然发动的叛乱，差点把他杀死，巴尔侥幸逃脱之后，大陆再度陷入南北分裂的局面。

　　作为一名天生的领导者，国王巴尔给角色带来不可预测的元素，巴尔勇敢、果决代表着王国的生机与活力。原画师这样解释："他是这个国家锐意进取的态度与无限决心的具体展现。无论他挑起怎样的争端，都会成为他讲述往昔的伟绩。"

　　巴尔严肃干练的服饰，彰显着他自由如火的灵魂，还有他庄严、自信而又不可预知的个性。我们在他的脸上加了几条细小的皱纹，下颌的胡须也尽量表现出一些苍老，这与中世纪时期国王们的形象和巴尔的性格相辅相成。

霍尔德尔 泰利德尔宠爱的小儿子，巴尔德尔的亲弟弟。为人凶狠、勇猛、桀骜不驯，擅长各种谋略。

霍尔德尔作为泰利宠爱的小儿子在出生后便过着富足、快乐的生活，霍尔从小就开始接受优秀的贵族教育和辅佐国王的政务训练。然而王国的分裂、母亲惨死眼前、自己与哥哥被寄养在父亲的旧部家里、每天和平民一起劳作，这些都让霍尔觉得王族的颜面扫地。于是成年后的霍尔变得更加桀骜和偏激，聪明的霍尔和巴尔一起加入地方的军队。由于优秀的身体素质和过人的谋略，霍尔辅佐着巴尔很快便组织了属于自己的军队，因为在战场上的算无遗策和凶猛奇袭，霍尔被南方的领主们称为"凶猛之鹰"。最终在辅佐巴尔统一了王国南方之后，和巴尔一起以国王之名召集了先王的旧部，并准备收复北方。在击败"黑骑士"并马上就要平定战乱之时，霍尔德尔在其部下赫吉的怂恿下偷偷挖出"黑骑士"宝藏，以宝藏的财力组建了自己的军队"乌骨"，并且准备刺杀兄长巴尔德尔。巴尔德尔幸运逃脱，大陆再度陷入南北分裂的局面。

"我已经记不清在探索霍尔这种同时具备忠诚悍勇和狡猾枭桀两种不同性格角色应有的样貌时，究竟画了多少张草图。不过老实说，真是有趣极了！尽量多做出设计但又同时必须从中甄选出可能会用在游戏中的最佳图稿。"原画师说道。

巴尔和霍尔的养父 一位健壮朴实的农户，年轻时曾上过战场，眼角的疤痕是英勇的勋章。

"如何在设计中平衡时代特定细节与典型英雄之父的关系，是一项巨大的挑战。我非常享受这种类型的探索。另外，让其他天赋卓越、眼光独到的原画师提供反馈与建议，对改进设计也很有帮助。这真是团队共同努力的结果。"原画师说道。

大王子（莱恩） 从小被四处征战的父亲带在身边，不曾享受过快乐的童年，但也养成了坚强的性格。

"莱恩的设计与原版做了很大的改动，最初我们从中世纪的文献上找到了灵感，但为了更好地体现出莱恩王子与巴尔国王两个角色身上相同的闪光点，我们抛弃了初始的设计，转而采用更为严肃的风格，使其更好地适应莱恩这一角色。"原画师讲述道。

小王子（伊恩） 伊恩幼年与家人失散，对于家人只有童年的模糊记忆，是一名强大的暗杀者，他不为人知的过往让他和莱恩产生了一丝隔阂。

"作为游戏最重要的主角之一，小王子伊恩的设定在游戏中是极为神秘的，没有人知道他曾经的过往。而他神秘的过去，也成为推动未来故事发展的一个重要伏笔。人物形象方面，我们为了更加契合人物设定，将整个人物都设计成'隐藏在盔甲与面具之下的神秘人，仅有一双蓝色的眼睛，透过冰冷的面具凝望着未来'这一形象。在未来的背景故事中伊恩摘下面具时，整个世界都将发生天翻地覆的变化。"原画师讲述道。

小公主（诺维雅） 虽然常年跟随大军四处征战，但由于父亲的愧疚与疼爱而受到"特殊"关照，每逢大战都被调离前线，所以迫切地希望在崇拜的父亲面前证明自己。

战火纷飞的乱世，也是英雄辈出的时代，我们英勇的战士们，也需要英雄们的指引。在游戏中小公主诺维雅，一直陪伴在我们身边，不断指引我们前行的道路，使我们在这个乱世成为真正的英雄。

最强军团

未发布版! Unpublish Version

无畏之狮（骑兵、弓兵、盾兵未发布）巴尔的无畏军团，在霍尔叛乱之前，是伊利亚特大陆最强的军团。

未发布版! Unpublish Version

乌骨军团（骑兵、弓兵、盾兵未发布）霍尔用黑骑士的部分宝藏打造的强大军团，是伊利亚特大陆唯一能和无畏军团匹敌的部队。

纷争的起源

克利夫王国的王城中心

泰利德尔是巴尔德尔的父亲，伟大的泰利德尔王统一了整个部族，建立了克利夫王国，并将王国的疆土扩展到伊利亚特大陆的中部，就在泰利德尔王的威名远播大陆之时，泰利国王因为一场重病差点死去。克利夫王国曾经最伟大的战士，在年迈之时也开始惧怕死亡了，衰老堪称是这个世界上最可怕的魔法。

泰利国王的军队正在讨伐巨龙

为巨龙所钟爱的伊利亚特大陆自古以来就流传着"龙之秘宝"的传闻，传说上古巨龙的秘宝中不仅有富可敌国的财富，还有巨龙之血制成的，令人长生不老的"秘药"。被死亡的恐惧充斥了内心的泰利国王派遣了无数军队去寻找传闻中的宝藏"龙之秘宝"，然而过度的征兵和长年的出征，使原本国力强盛的克利夫王国开始出现虚弱的迹象。

探索巨龙遗迹的先遣队

无论多么荒凉的地方，也能看到泰利国王的军队。泰利国王的军队四处征战，寻找上古巨龙宝藏。终于，泰利国王的军队发现了巨龙宝藏的踪迹。

最后的士兵

泰利国王派出的探索上古巨龙遗迹的先遣队，在一座陡峭的悬崖上，发现了一个被非人之力开拓出的巨大奇观，这与传说中的一些故事不谋而合。但泰利国王低估了对手。他派出的讨伐军团，仅仅一轮交锋，就几乎全军覆没。

黄昏中的王国

被海姆德尔攻破的王都城门

　　王国的分裂发生得很突然，一开始只是有不堪征召与压迫的民众在进行小规模的骚乱，但谁也没想到，紧接着贪婪无比的商人、愚蠢荒谬的贵族、野心勃勃的领主等都加入了叛乱之中。而最终的导火索，则是来自泰利国王的弟弟海姆德尔的背叛，趁着泰利国王的军队出征平叛之时，海姆德尔袭击了守卫薄弱的王城，刺杀了国王。海姆僭越为王，这引发了忠于国王的封臣和骑士的愤怒，一夜之间叛乱和征讨如野火燎原一般席卷了伊利亚特大陆，原本国运鼎盛的克利夫王国瞬间支离破碎，开始了长达数十年的战乱和动荡。在王城被攻破的前夜，泰利将王冠交给他的妻子莎尔，并让莎尔带着自己的两个孩子巴尔德尔和霍尔德尔逃离北方。莎尔在王城混战之时，带着两个孩子从王国密道逃出。不幸的是莎尔在逃出王城前往南方的路上被乱军伏击身亡，但两个孩子侥幸活了下来。

黑骑士

神秘崛起的新领主——黑骑士（概念图）。

战争秃鹫

贪婪的领主和贵族们疯狂地庆贺着战争的胜利，他们再不为任何人而战，每一场战争只为了自己可以拥有更大的土地和更庞大的军队。他们已经放弃了身为领主应有的荣誉和责任，宛如天空中盘旋的秃鹫一般让人生恶。

燃烧的王城

燃烧的王城让黎明提前到来，漫天的黑烟把黎明又拖回了黑夜。

护送王子们出城被杀的护卫

通过密道逃出王城的王后莎尔仅仅带了少量的护卫队，在南下的过程中，莎尔频频遭遇来自海姆德尔军队的袭击，每一次的恶战都会使原本人数就不多的护卫队变得越来越少。

最后的护卫

兵少将寡、缺衣少食的护卫队难敌追击的叛军。王后莎尔在一次袭击中,为了保护巴尔和霍尔中箭惨死。但所幸护卫队对于王室的忠诚毋庸置疑,即便是王后身殒,即便千难万险,也没有一个人离开两位王子半步。午夜十分,巴尔辗转反侧难以入眠,白天母亲的去世给他带来巨大的冲击。巴尔回想着父亲在燃烧的王城下绝望而孤独的身影,回想着母亲身中数箭倒在血泊里的样子。巴尔再睁开眼时,眼里只剩冷酷和坚毅。数日后护卫队全军覆没,巴尔和弟弟昏倒在一片麦田之中……

列王的纷争
Clash of Kings

丰收的麦田

侥幸活下来的王子们，被一家好心的农户救下，并收为养子。

第二章 复国之战

最强军团

混战

领主之间频繁的混战是底层士兵军功和财富的来源，数年后，成年的巴尔和霍尔两兄弟决心复国，但从小接受王室教育的兄弟俩明白，贸然暴露自己的身份不会为自己带来更多的帮助，相反极有可能成为他人的傀儡。于是兄弟俩决定，先加入当地领主的军队，伺机培养出属于自己的军队，然后再开始真正的复国大计。继承了最优秀的龙裔血脉的巴尔和霍尔，很快便在军队里闯出了偌大的名头。

士兵巴尔

常年随军征战的巴尔和霍尔凭借自己在军中的声望和强大的武力，很快便接手了他们为之效力的领主"赠予"的全部家财及封地，并组建了属于自己的军队。

沉睡的巨龙

巴尔深知巨龙的强大，打算俘获一头巨龙为军团征战，于是不断派出先遣队搜寻巨龙的消息，先遣队在巴尔的指示下发现了一头正在沉睡的黑龙。

捕龙

被惊醒的巨龙

即便巴尔的军队做了万全的准备，但当巨龙被惊醒的那一刻所发出的怒吼，依旧唤醒了人类内心深处最原始的恐惧。

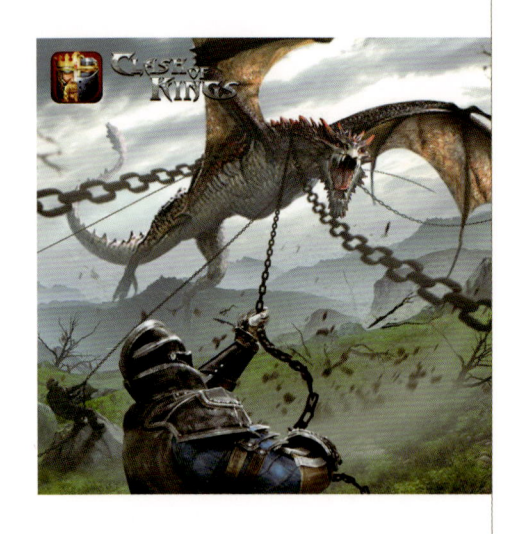

被捕获的巨龙

　　巴尔站在远处，看着天上被人类锁链困住并想要逃离的巨龙，脑海中浮现出父亲泰利国王曾经教育自己的一段话：人类的"策略"不同于野兽的"狡猾"之处就在于，狡猾只能让野兽从天敌的口中逃生，而策略可以让你的天敌为你效力。

丛林深处的神秘侦察

　　正当巴尔的军队庆祝捕获巨龙的时候，不远处的森林里一个身影正默默观察着一切，没人知道他什么时候来的，在这里观察了多久，又会在什么时候离开。

征战

战无不胜的巴尔国王和对他忠心耿耿的巨龙

拥有钢铁般意志的军队和让人闻风丧胆的巨龙，复国的战争没有巴尔想象中的那么艰难，也许是常年掠夺手无寸铁的村民和没日没夜的饮酒享乐消磨光了这些堕落领主的最后一丝勇气。

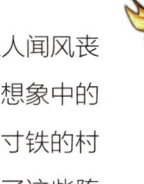

肆虐战场的巨龙

受到巴尔驱使的巨龙四处征战，凡是巨龙出现的地方，必然伴随着胜利的欢呼。

新王

征服了整个帝国南方的巴尔国王正在接受南方大贵族、大领主、大商人的觐见与朝拜。

北方·大征讨

行军

急速进军的"无畏之狮"，奉巴尔国王之命，将要征服北方的所有领主。

莱恩王子和伊恩王子

莱恩王子和伊恩王子都是巴尔国王指挥军队的左膀右臂，每场战争王子们都身先士卒。

阻拦

在讨伐北方的行军路上，巴尔的军队频频遭遇毫无阻力的敌袭和伏击。

莱恩

战场上奋勇杀敌的莱恩王子，悍不畏死的他像极了年轻时的巴尔国王。

诺维雅

战场中刚刚结束厮杀的诺维雅公主已经把目光投向了下一场战争。

最后一役

不眠之夜

巴尔国王在进攻王城的前夜，依旧在缜密地部署明天军团进攻的策略，宛如他这些年做了无数次的战前准备一样。

兵临城下

征战

巴尔在战场上，就像一头无所畏惧的雄狮，给无数士兵带来勇气，同时也让无数敌人胆寒。

城墙下的绞肉机

巴尔的军队正在无所畏惧地进攻着王城，无论是国王还是王子都身先士卒，冲在了军队的最前线。

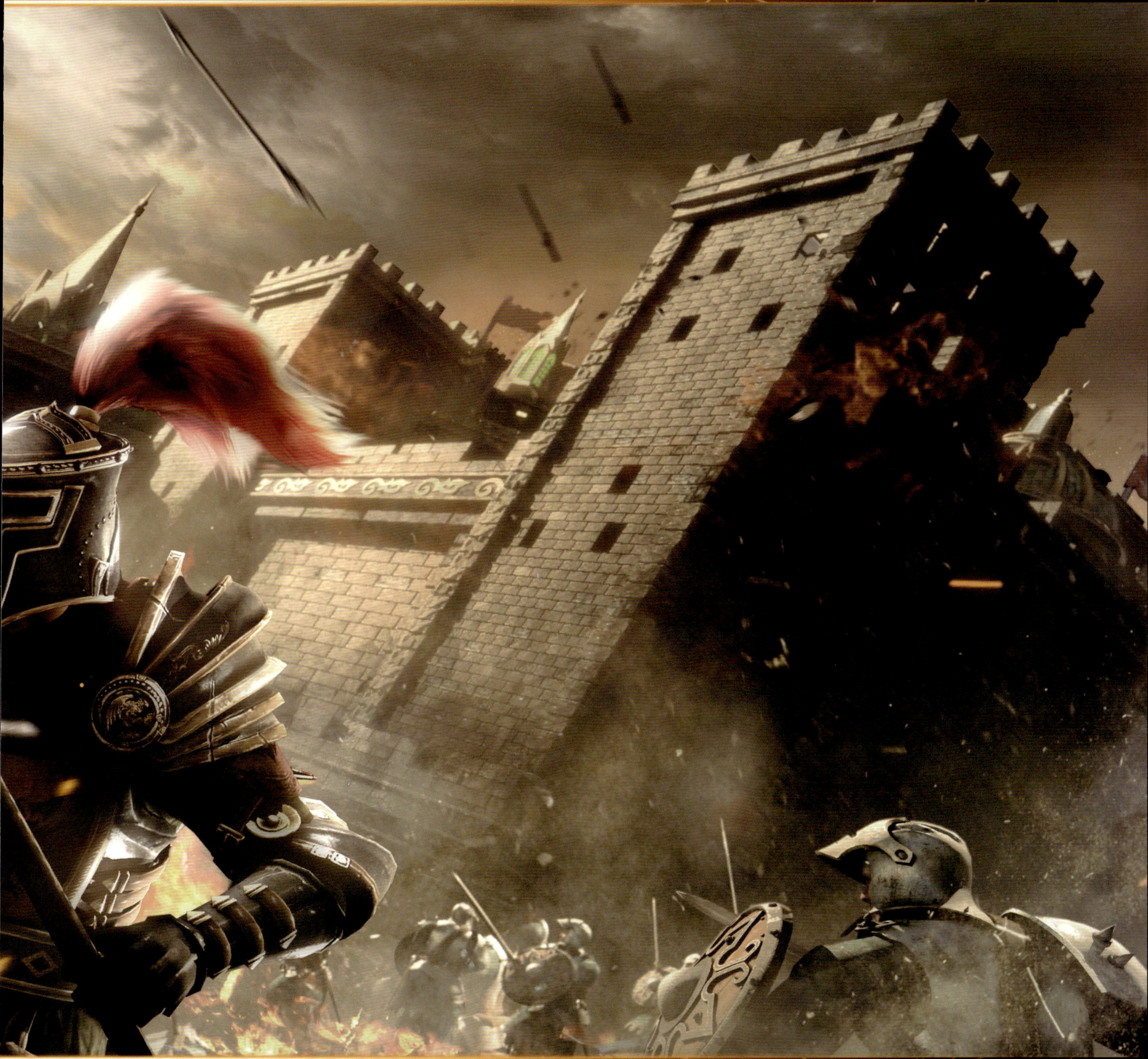

坚固的城门被巴尔的军队强行攻破了，战争逐渐进入白热化的厮杀，守卫王城的最后的精锐比巴尔之前遇到的任何一支军队都要强大。王城攻坚战到了最难的时刻，每推进一步都需要踩着无数敌我双方的尸体才行。

破城

王城攻坚战

混战

双方的士兵正在城内胶着地混战，每时每刻都有无数的英灵为了主人的野心而逝去。

袍泽

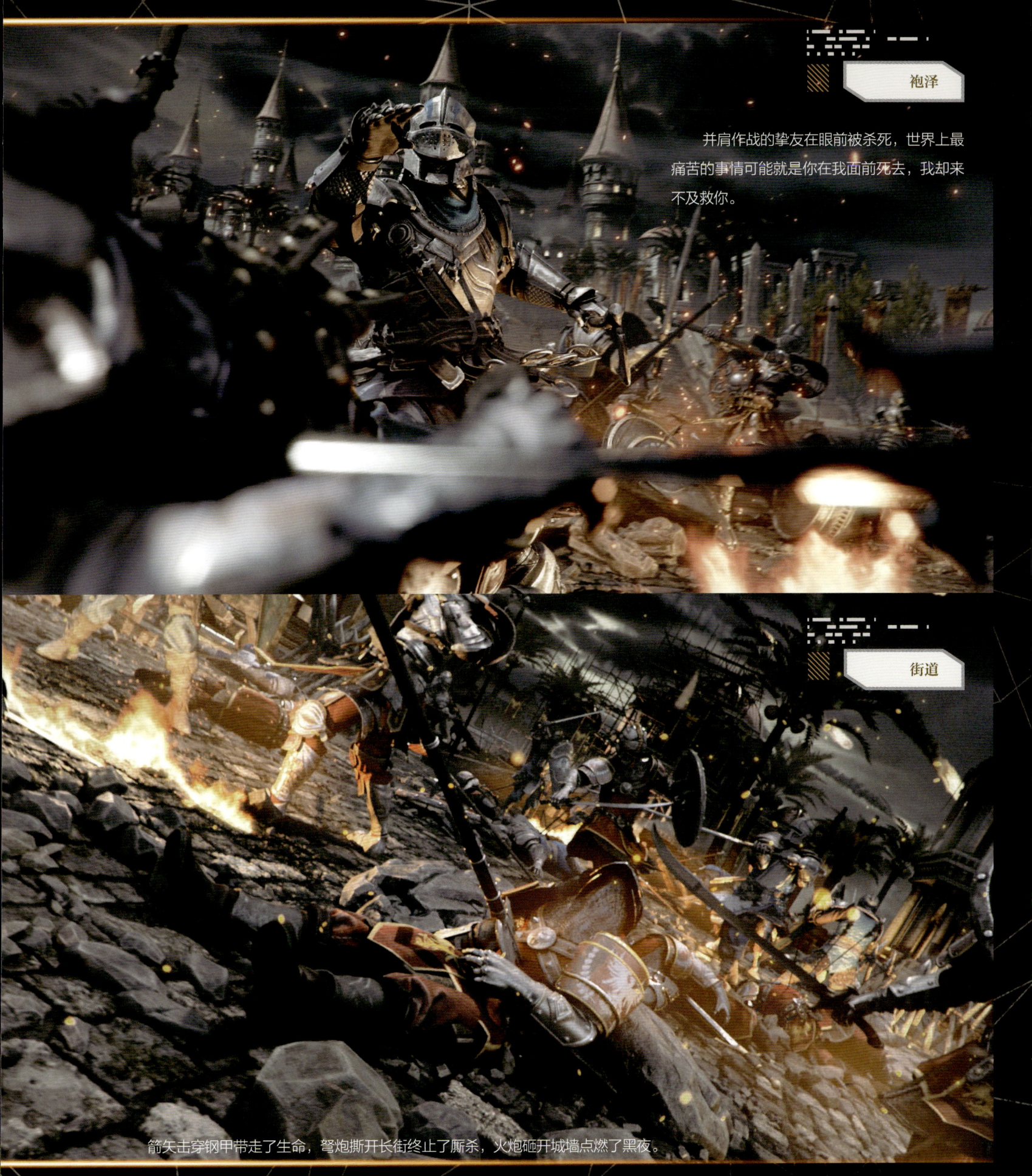

并肩作战的挚友在眼前被杀死，世界上最痛苦的事情可能就是你在我面前死去，我却来不及救你。

街道

箭矢击穿钢甲带走了生命，弩炮撕开长街终止了厮杀，火炮砸开城墙点燃了黑夜。

断剑　　布满裂纹的利剑诉说着主人战死前的英勇与无畏。

头盔　　染血的头盔内回荡着一曲忠诚的赞歌。

巨龙

巨龙破城而入，大肆屠杀敌方的士兵。巨龙的咆哮，预示着战争临近尾声。

余晖

骑士远眺着夕阳下燃烧的城市，恍惚间他好像看到了多年前在这座城熊熊燃烧的另一场大火。

胜利

燃烧的城堡下巴尔紧紧地攥着另一顶王冠，面容冷峻，不知在思索着什么。

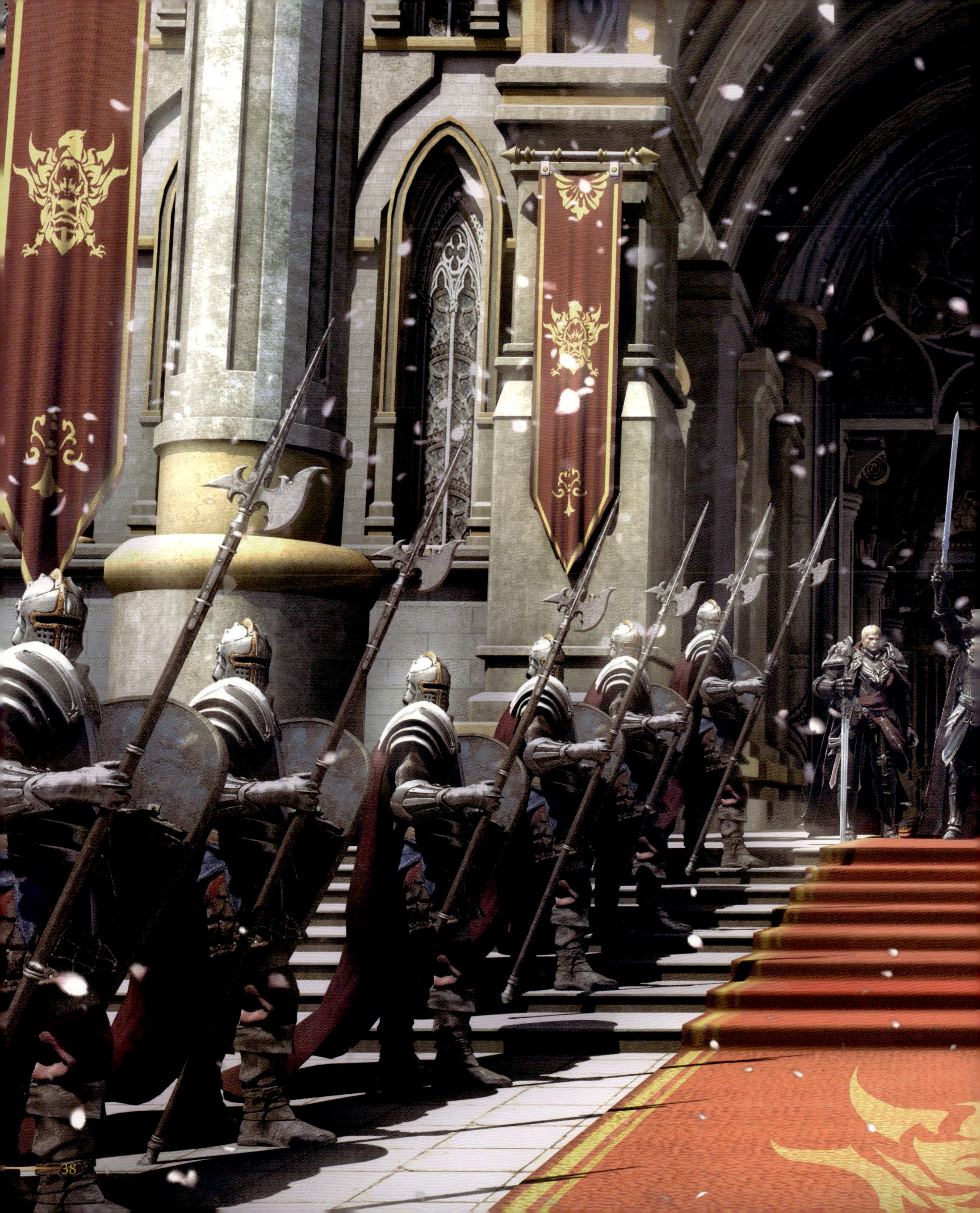

庆典

巴尔国王正在和"无畏之狮"军团庆祝战争的胜利,在他的领导下分裂的国度即将迎来统一。

第三章 背叛

41

袭击

霍尔在谋士赫吉的怂恿下偷偷地挖出了"黑骑士"的宝藏,并组建了一支强大的军队"乌骨"。霍尔命令手下的士兵埋伏在密林深处,准备伏击巴尔军队的补给部队。

伏击

霍尔的军队埋伏在城外的森林里,伏击了巴尔派出的信使。

围城

霍尔集结了手下的军队,偷袭断绝补给、防守薄弱的巴尔国王。

怒火

在这场精心策划的谋杀下,侥幸逃过一劫的巴尔看着重新燃烧的王城和英勇战死的士兵,心中的怒火也和眼前的大火一样愈烧愈烈。

夜行

被愤怒充斥着内心的巴尔决心亲手处理掉霍尔，但是刚刚经过一场大战，巴尔的军队元气大伤，已经无法组织起一场声势浩大的战役。于是巴尔拿着部下从"黑骑士"的遗物里搜寻到的关于巨龙宝藏的地图，连夜出发了。

交易

巴尔按照地图找到了龙穴并见到了上古巨龙，巨龙同意帮助巴尔国王重新组建他的军队，但条件是用萨尔娜的城池来交换。一切既在意料之中，也在意料之外。

归途

谁也不知道巴尔是否与巨龙达成了什么，整支军队在死寂中默默地行军。

半人马

受雇于霍尔的阿喀琉斯半人马部落的战士，集结在距离巴尔不远处的平原上，随时准备袭击巴尔国王。

敌袭

骁勇善战的半人马战士，如风一般穿过了山丘，逼近了巴尔的军队。

困兽

措手不及的巴尔，迅速被半人马部落的战士逼进了四处环山的山谷之中。

破局

巴尔国王飞跃而起，攻向了最强的半人马战士阿喀琉斯。

血肉之画

战场如同绞肉车一般，用血肉为颜料，画出了世界上最残酷、美丽的画作。

传奇之始

巴尔国王砍下了半人马部落首领阿喀琉斯的脑袋，群龙无首的半人马部落战士很快便分崩离析，四散逃命。

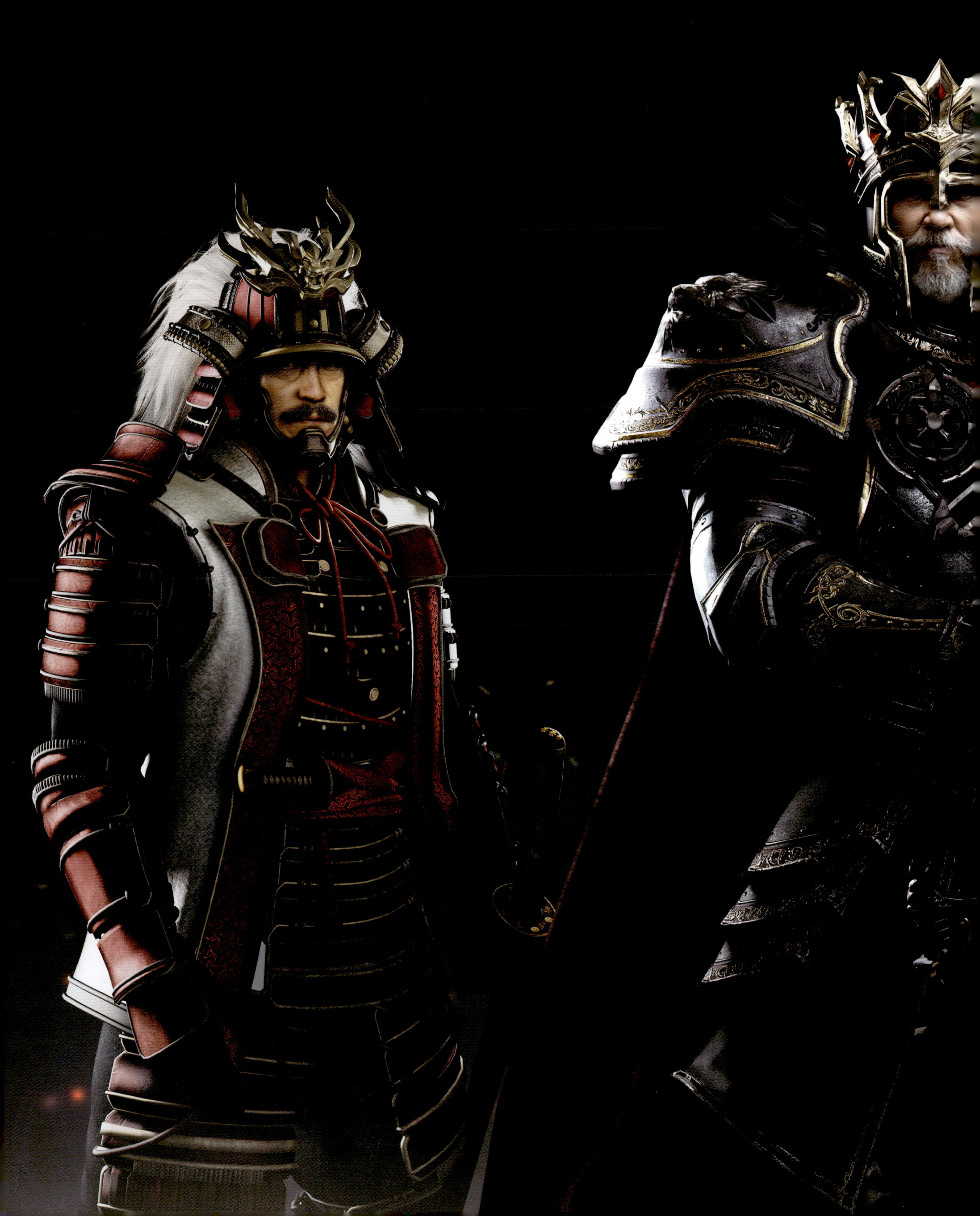

第四章 英雄与战士

三王

玩家将扮演巴尔手下的领主，建造宏伟的城市，提升荣耀等级，造就恢宏的奇迹建筑，组建骁勇的军队，培养强大的巨龙，征服敌人的城镇和领土，成为被万世景仰的君王，体验实时战争的热血！

策略就是不同兵种搭配的艺术

步兵

游戏分为4类8种普通兵种，每种兵种又有各种等级的士兵。玩家通过升级兵营、训练士兵等方式解锁更多高级兵种。

步兵原画设计草图

"维京文明的步兵是攻城和肉搏的精英，是伊森加德大陆唯一的霸主。他们熟练于使用短柄巨斧而且有强悍的近战能力，他们的盾牌是用厚实的橡木制成，非常坚固，不是轻易能打烂的。虽然维京文明的战士在军纪方面较为散漫，但是如果让他们的武器发挥了作用，那么他们就是最可怕的步兵。"原画师说道。

弓兵

您将和全世界的领主成为朋友，争夺丰富的资源，搭配强大的军团，保卫王国的领土，对抗越境来犯的敌军，勇闯远古恶龙盘踞的战场，共创荣耀与传奇！

弓兵原画设计草图

在原画师设计之初，将龙裔文明的弓兵与大和文明的弓兵相比较，原画师认为，龙裔文明会更重视射击精度，而大和文明则重视射击的速度，两者在作战当中并不存在谁更有优势。在千变万化的战场上，只有不同的兵种搭配和策略才能主导战争的走向。

骑兵

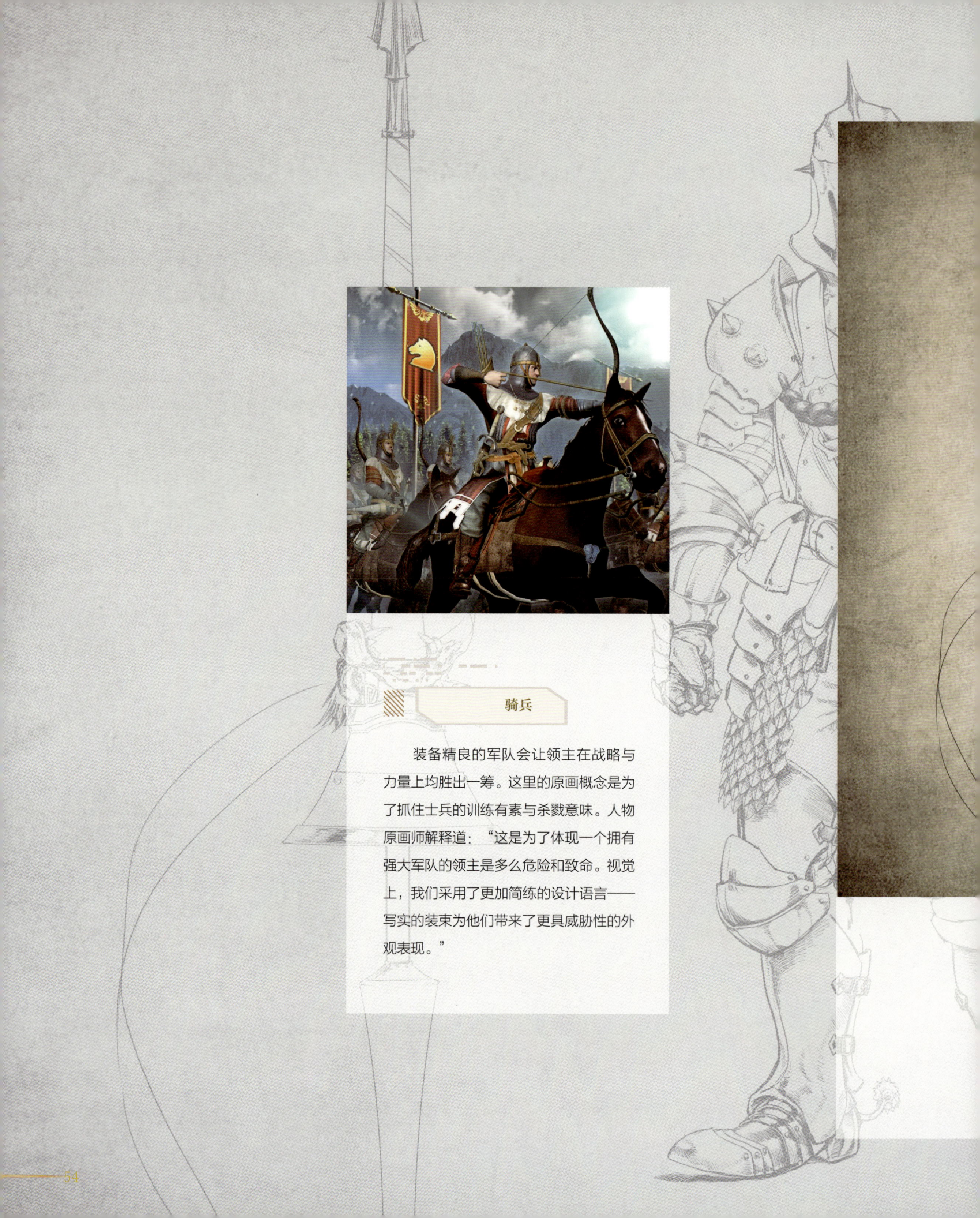

装备精良的军队会让领主在战略与力量上均胜出一筹。这里的原画概念是为了抓住士兵的训练有素与杀戮意味。人物原画师解释道："这是为了体现一个拥有强大军队的领主是多么危险和致命。视觉上，我们采用了更加简练的设计语言——写实的装束为他们带来了更具威胁性的外观表现。"

骑兵原画设计草图

龙裔文明拥有伊利亚特大陆上最强的骑士团之一，他们身穿重甲，骑术精湛。参考的范本为中世纪时期的法兰西王国骑兵。他们的整体风格偏攻击型。在真实的战争中，往往由骑士团冲破敌方步兵重阵，再由步兵队清除残余敌兵，因此在中世纪时期重甲骑兵又被称为"平原霸主"。龙裔文明的骑兵能适应任何需要。他们装备了龙裔文明最重型的盔甲和武器。龙裔文明的重甲骑士闻名于世，但同时依赖射手和步兵来守卫他们的城堡。

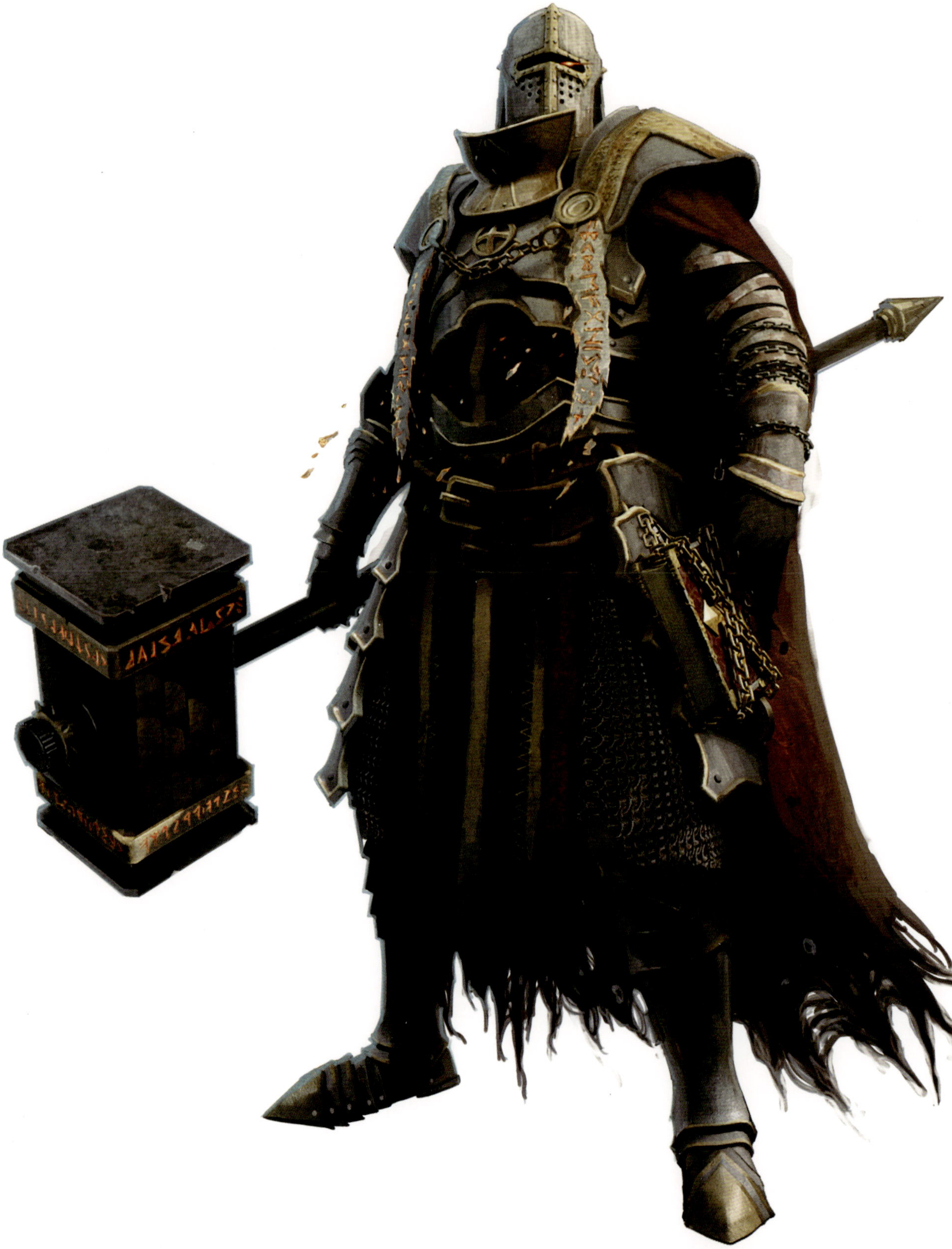

圣骑士

背景描述

谦卑、诚实、怜悯、英勇、公正、牺牲、荣誉、精神

这是骑士之道，也是圣骑士最基本的准则。是的，作为这个大陆上最受人尊敬，也最令敌人胆寒的武装力量，圣骑士称号是陆战士兵们向往的最终荣誉。

与那些还在襁褓之中就被送进骑士学院的贵族男婴不同，这些立志成为最强武力的小男孩都坚持着狂热的骑士信仰以及残酷的格斗训练，等待他们的是漫长的试炼之路及虔诚的祷告。

没有战功的骑士是得不到尊重和提拔的，但清贫的他们无法负担起铠甲和战马。所以，骑士工会中最危险的任务通常都是被这些充满着肌肉却衣不遮体的年轻游侠们领走。可怜无数枯骨，可叹功成身还。

在无数战火的洗礼下，在森林和百川的悄声回荡中，年轻的骑士秉持着智慧和力量，等待邪恶抵达终点，而终将披上光明的圣甲！

技能描述

盾牌猛击

自身攻击提升。

对骑兵伤害增加。

审判

圣骑士灌输神圣力量进入巨锤，对当前目标及身后数个敌军，造成当前攻击力一定百分比的伤害。

制裁

攻击无视闪避概率增加。

对狮鹫突袭者伤害增加。

圣佑

自身防御提升。

圣骑士常年艰苦的训练，不仅造就了强健的体魄，更让意志坚定不移。圣骑士受到攻击时，有概率减免一定的伤害。

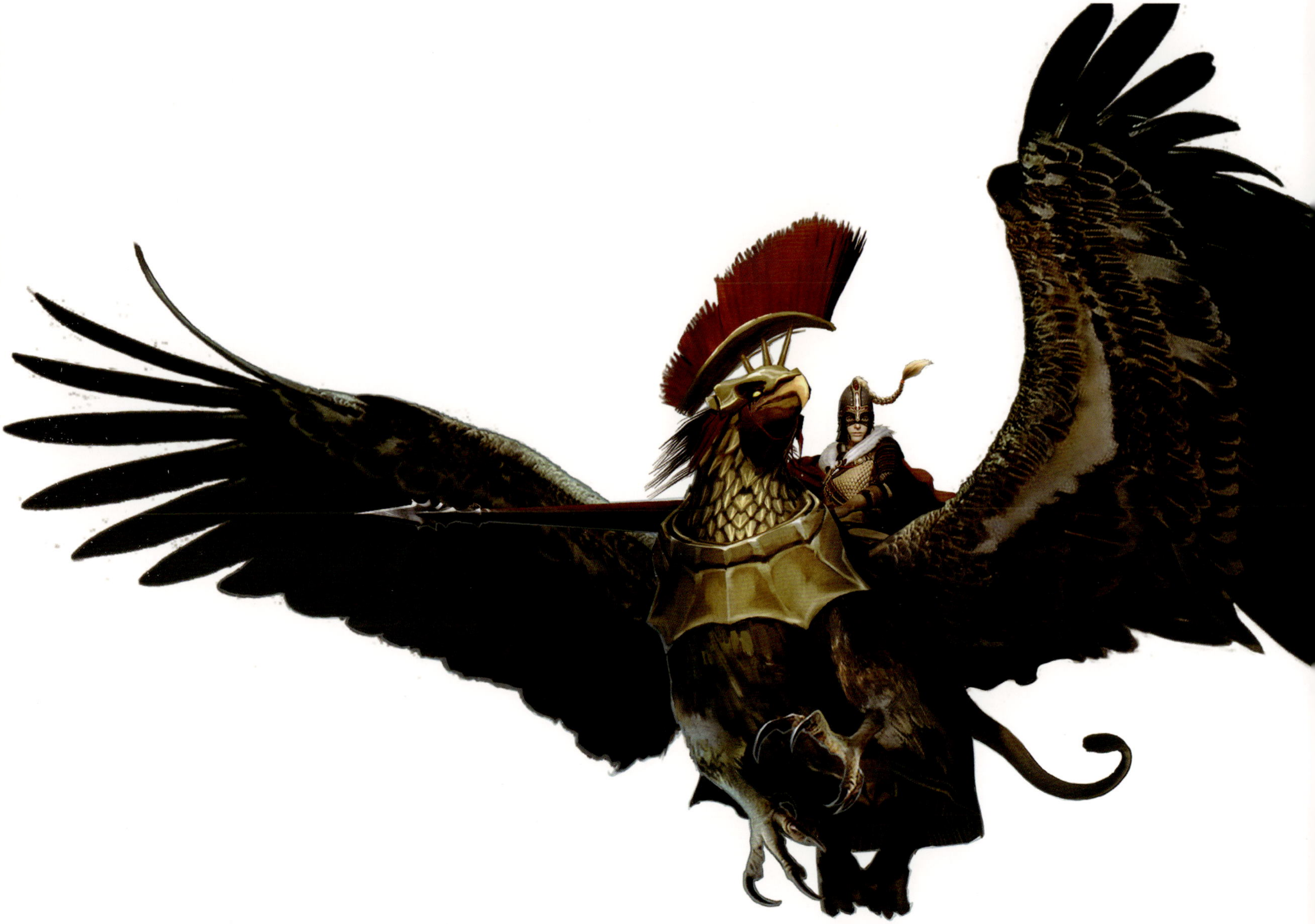

背景描述

狮鹫突袭者 Griffin Knight

来自高地的波坎普纳家已经默默地为德尔家族饲养了上百年的各种奇珍猛兽。狮鹫，这种披满黄金色鹰羽，充满了威仪和好勇斗狠的猛兽，早已在时间的流逝中被驯服成了巴尔德尔狮心王朝的一支神秘部队的飞行坐骑。

狮鹫生而适于战斗，勇敢无畏，但天性残忍，喜爱用它锋利的喙和爪活活撕碎目标。在冒险者工会里，人人都知道想要驯服一头成年的野生狮鹫几乎等于自杀。而聪明又勇敢的波坎普纳家族，则是在广阔的高地岩壁上偷偷地盗取狮鹫父母的不到三个月的幼兽，并且必须在幼兽睁开眼睑前交付给准备好成为狮鹫骑士的年轻人。

做一个狮鹫骑士虽然不需要龙骑士的勇武，但也不是那么容易。灵活的狮鹫在成长期进行的飞行训练和狩猎训练，充满了致命的危险及挑战。年轻的骑士也必须克服许多急升、骤降、加速和滑翔的变化，并和自己的伙伴建立起最信任的关系，经过层层考验，才能被授——"狮鹫突袭者"这一代表着狮心王朝最恐怖、最迅捷、最高效的空中杀手称号。

技能描述

威慑
自身攻击提升。
对弓兵伤害增加。

杀戮
狮鹫突袭者会利用飞行高度凶猛地俯冲敌军后排，对远程单位及其身后数个敌军造成伤害。

飓风
狮鹫猛烈而快速地扇动羽翼，在自身周围形成可以抵御普通伤害的飓风。飓风将提升狮鹫突袭者自身的闪避效果。
风速可是会影响抛物线的。狮鹫突袭者对德尔掷油手的伤害提升。

撕裂
使用喙和爪无情地撕扯敌人，然后升空再抛下。狮鹫突袭者攻击时，有概率附加流血效果，流血效果每回合造成当前攻击力一定百分比的伤害，持续3回合。

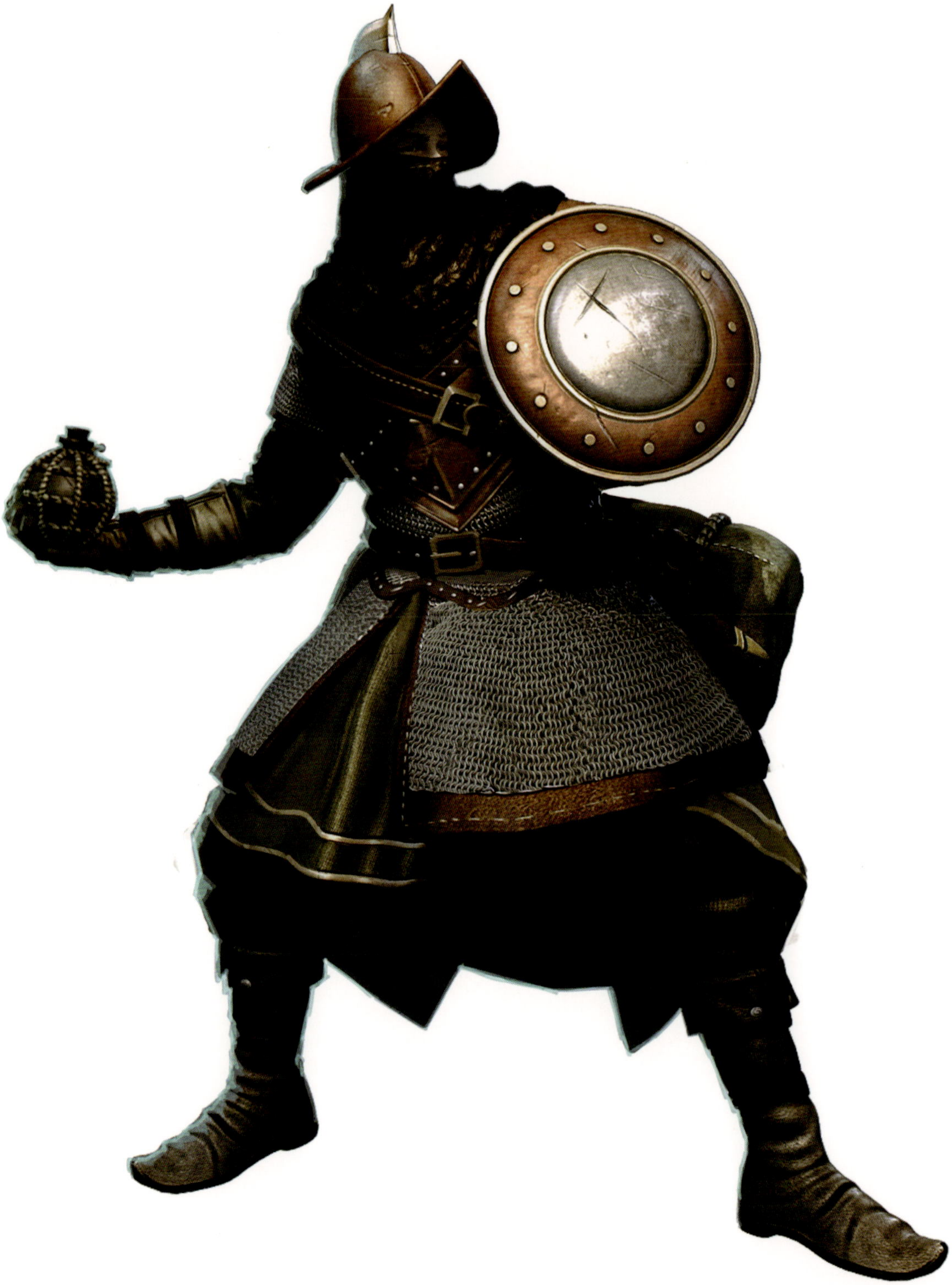

德尔掷油兵

背景描述

德尔掷油兵 Del fire

　　德尔掷油兵可以说是狮心王朝的特种部队。作为一支应对敌方重甲步兵和重甲骑兵的奇袭部队，掷油兵通常是隐匿在长枪兵及短弩手之间的。

　　受过严格训练的掷油兵通常是冷静且残忍的，作为半远程打击部队，掷油兵们会在对方的重甲步兵方阵和重甲骑兵方阵进入射程范围后，奋力掷出点燃了的油罐。易碎的油罐中装满了剧烈燃烧的油脂，以及各种形状的铁钉，油罐破碎后，高温滚烫的油脂会顺着缝隙渗入敌军的铠甲内猛烈燃烧，而爆裂四射的铁钉则无处不在地招呼着敌人最脆弱的双眼。

　　因为储油罐导致个人负重负担，通常掷油兵以两两或三三为一组，相互辅助，形成交叉密集的火力网打击，是所有妄图突破己方防御阵型敌人的噩梦。

　　而这个噩梦，正是许多年前乌骨军团在阿喀琉斯盆地一败涂地的罪魁祸首....

技能描述

瞄准
自身攻击增加。

多重打击
德尔掷油兵攻击时有概率额外攻击一次。

火花四溅
火油罐命中敌人后将爆炸，造成更大范围的伤害效果。德尔掷油兵攻击时对任意数个敌军造成一定范围伤害。

易燃
滚烫的油脂可以快速渗进包裹严实的巨型攻城锤，对格朗达重锤的伤害增加。
燃烧的油脂一流进敌人盔甲，整个战场都将只剩痛苦的号叫。德尔掷油兵的攻击有一定的概率使目标燃烧，造成当前攻击力一定百分比的伤害，持续3回合。

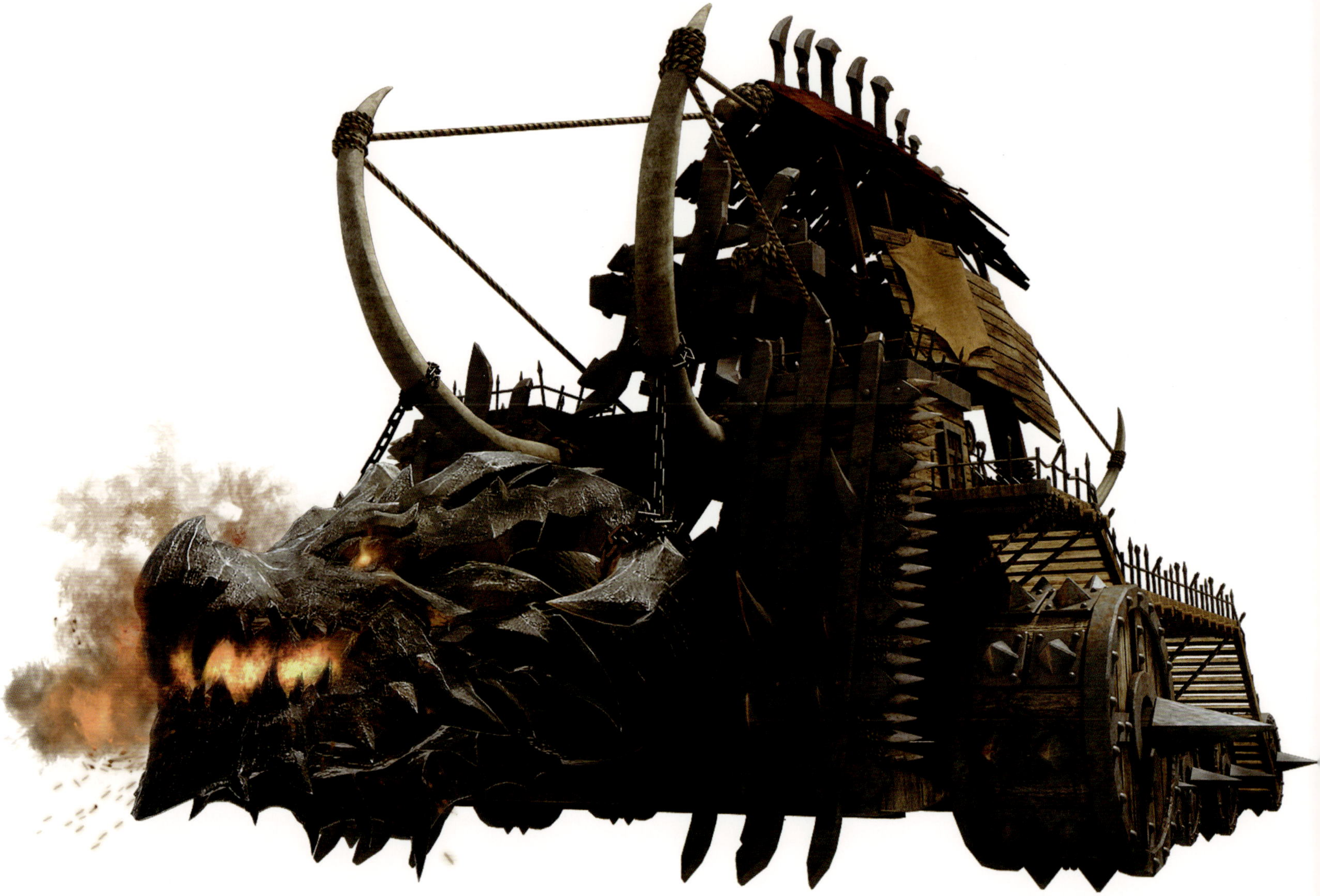

格朗达重锤

背景描述

格朗达重锤 Gronde Siege

没人知道格朗达是什么，因为没人活着回来。

在北境王国以北，再往北，有一片人烟罕至的盆地，那里有一个硕大无比的地洞，当地人称之为赫尔霍地洞。无论周遭的气温达到零下几十摄氏度，抑或狂暴的飓风奔袭而过，地洞下方永远都回荡着岩浆拍打岩体时爆裂的声音和低沉的回响。

在数不清的日子以前，曾有个无畏的当地人组织过一次对地洞的探险，贪婪的酒馆老板甚至开出了1比10000泰利金币的豪赌，看这群无知的年轻人能否活着回来。

两周后，老板输掉了赌注。

"格朗达"！"格朗达"！"格朗达"！……年轻人用石墨在墙上留下一个喷火的兽头和一句"格朗达"后，同他的泰利金币惊恐地离开了这个世界。

而善于利用人性的统治者在听说了这个故事后，立刻让王国里的能工巧匠根据年轻人留下的粗制影像批量制造出了这个恐怖的攻城武器，并起名为格朗达重锤。

技能描述

野蛮冲撞

自身攻击提升。
对步兵伤害提升。

刀锋护甲

提升自身防御和生命。

亵渎

攻击时，有概率对圣骑士额外造成伤害。

破甲打击

重达数吨的冲击力可以击碎任何胆敢挡在前方的敌人，格朗达重锤有概率无视敌人的防御。

丰富的兵种

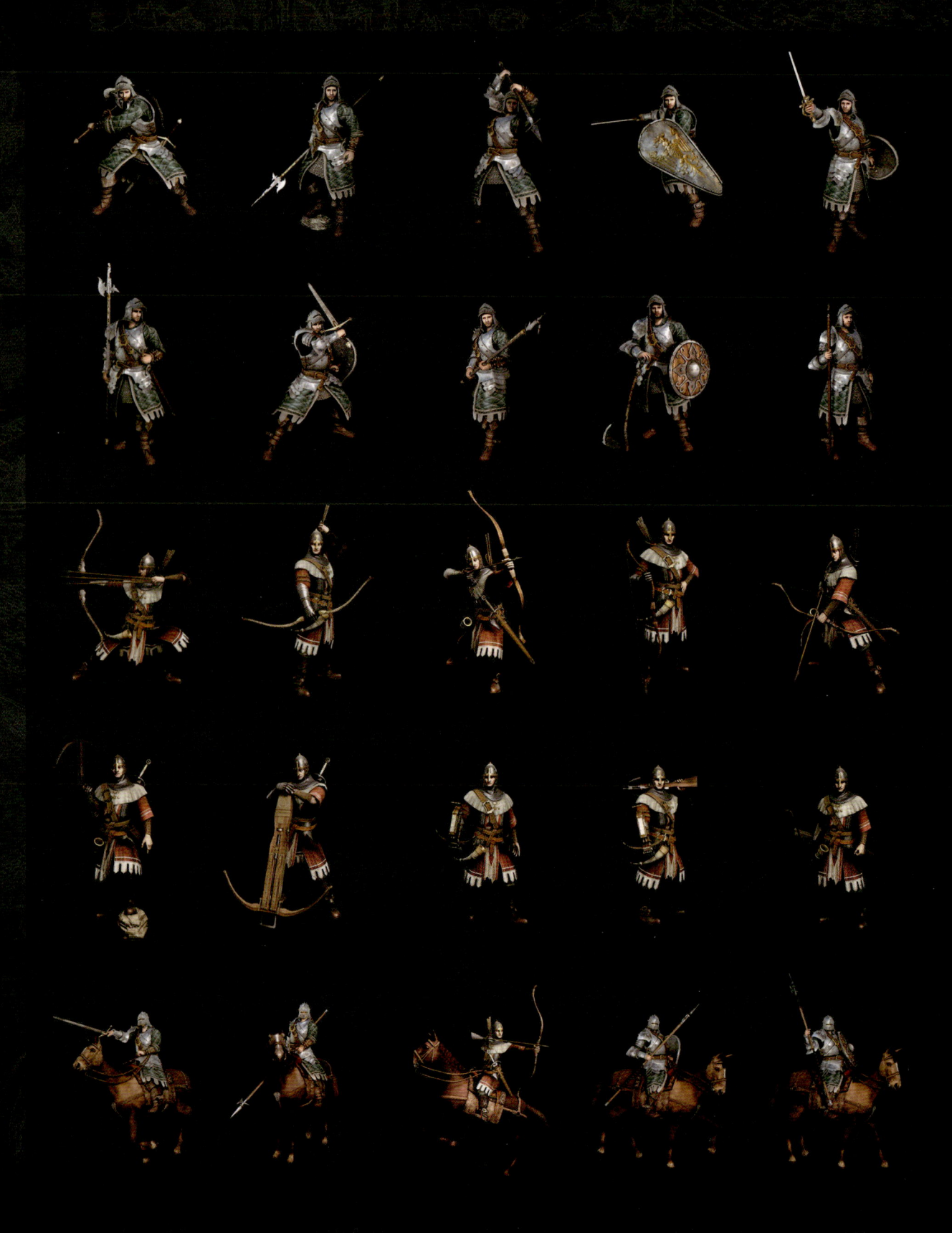

游戏分为4类8种普通兵种，每种兵种又有各种等级的士兵。玩家通过升级兵营、训练士兵等方式解锁更多高级兵种。

丰富的兵种之外的一些全新的战士，拥有强大的技能，无疑将为排兵策略带来更多变化。

圣骑士

荣耀兵种中的圣骑士,是创作者参考中世纪时期欧洲骑士的风格所创造的,属于COK的独特兵种。

掷油兵

荣耀兵种中的掷油兵，创作者结合中世纪时期欧洲军队的风格所创造的，属于COK的独特兵种。

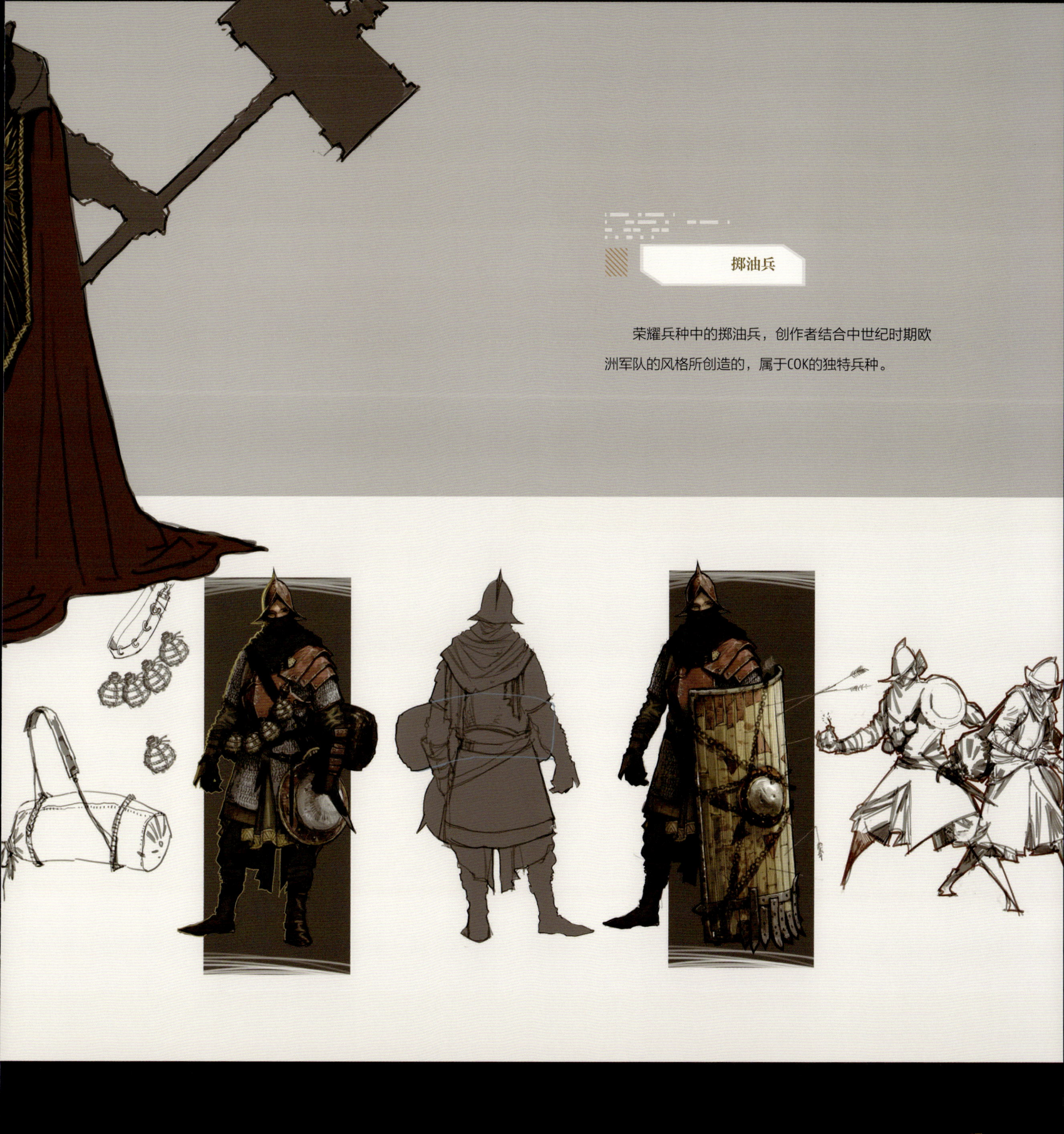

67

格朗达重锤

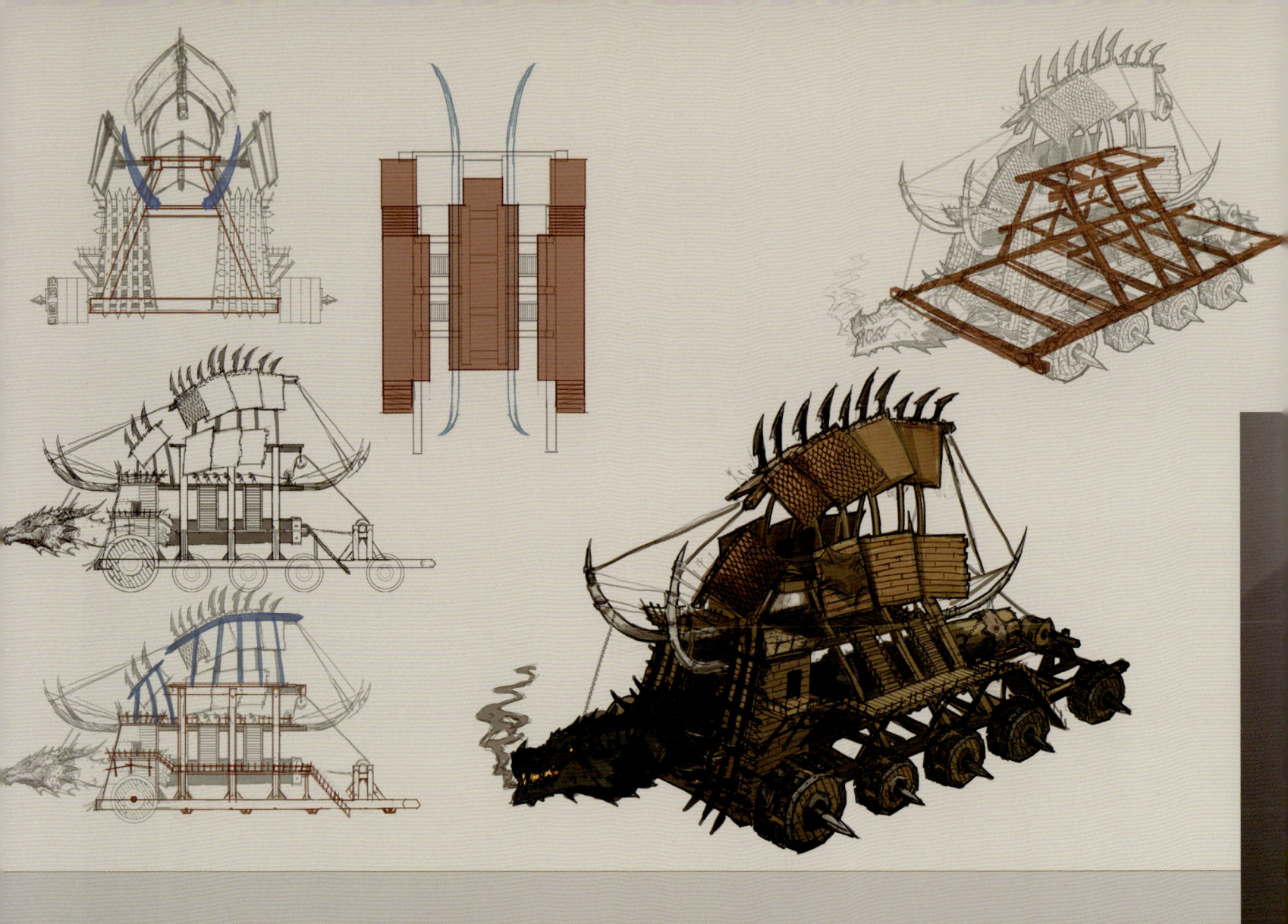

荣耀6中的兵车，设计者把龙头作为突出的设计要点绘制出的巨大战争兵器，设计考虑了内部结构和实际功能。

人物设计就是赋予角色灵魂

花絮

原画师们会先预想出画面设计场景，来对系列事件或一次性事件进行规划。针对叙事场景提出问题，可以节省大把时间，以免制作出大量只能被放入花絮库或备用库中不见天日的图片。

当然某个特定的动作，也许不适合某个角色当前使用，但可以将其搁置一旁以供今后使用。如果运气好，一个大受欢迎的想法配上合适的图片，能在游戏中以多种方式被解读，因此这种方式的图画保存会让原画团队的贡献变得更加重要。

CLASH OF KINGS

阿加莎

诺维雅公主

闪耀着邪魅笑容的小丑

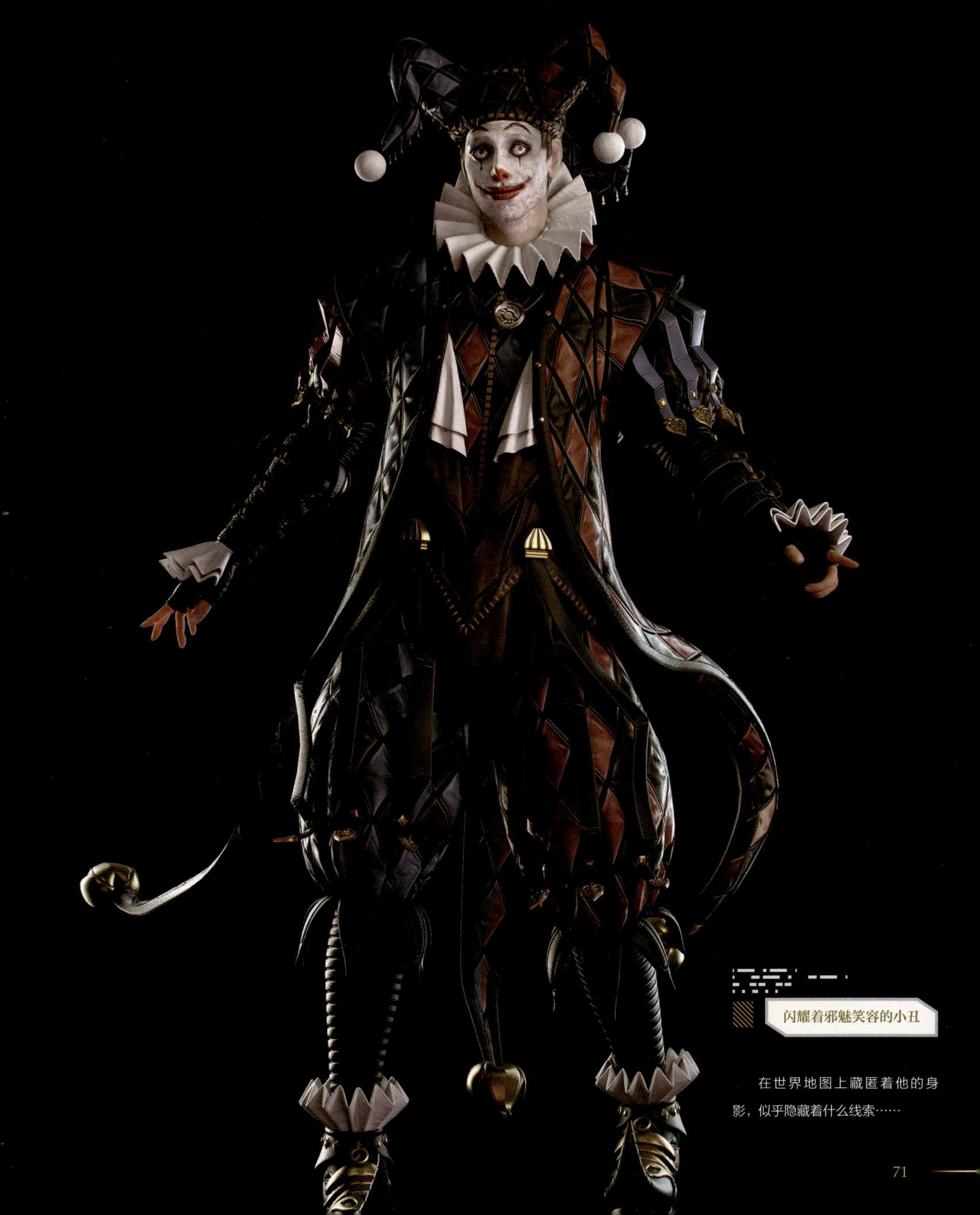

在世界地图上藏匿着他的身影，似乎隐藏着什么线索……

手持巨型骑枪的诺维雅

原画师表示，在设计这张图时，是希望在某个特定的事件中可以派上用场，试想一下，可爱的诺维雅公主手持巨型骑枪，这种强烈的反差和不协调迸发出一种别样的美丽，使得诺维雅公主的人物设定更加饱满丰富。另外，诺维雅公主手中的巨型骑枪的设计理念来源于中世纪时期欧洲骑士及骑兵常用的马战长兵器巨型骑枪。实战中使用者驱策坐骑向敌人冲锋，临接近时将骑枪水平或近乎水平指向敌人，利用冲锋加成刺杀敌人。因为冲击力巨大，骑枪的枪身一般采用有一定硬度而易折断的材料以便保护使用者，所以使用者会在骑枪折断后立刻弃枪，换上事先准备的其他武器继续战斗。

骑枪刺中敌人后折断恰恰是为了吸收反作用力，欧洲经典骑士小说中所谓"长枪折断的声音响彻云霄"正是骑枪作战时的生动写照。

在《列王的纷争》世界中，实战骑枪的规格比较固定，一般是在两米左右的长杆头上安装尖锐的金属锥体，硬木制的枪身在握持位置有护手，后部有配重的木锥，有些骑士甚至会在马鞍上制出枪托孔以吸收冲锋刺杀的巨大反作用力。骑枪基本上是作为一次性的武器使用，因为一次冲击后骑枪几乎必然折断，无法继续使用，过于坚固的骑枪反而会对使用者的握持手乃至身体造成不必要的负担。

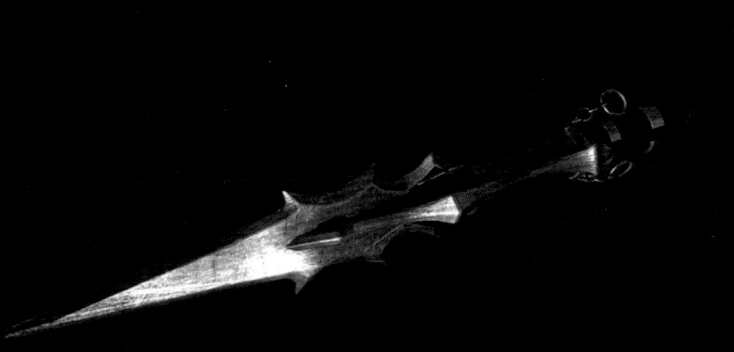

莱恩

莱恩几乎在各个方面都与诺维雅截然相反，原画师解释说："他勇敢坚韧，一丝不苟，在作战前会仔细斟酌，善于操纵战场的走向，将不利因素转化为有利因素。"

《列王的纷争》是一款SLG游戏，玩家的选择将主导整个游戏的内容。在游戏中玩家所扮演的是一名效忠王室的中世纪领主。在设计之初，原画师们参考了诸多西方中世纪时期的史料文献和部分经典的中世纪题材影视作品，力求最大化地提升人物与时代背景之间的契合度。

这名男性领主是游戏早期的绘画作品，他的形象是一名经典的欧洲中世纪时期的少年贵族。原画师参考中世纪时期古老的卡斯蒂利亚贵族，卡斯蒂利亚贵族宣称自己的血统最为高贵、纯正。卡斯蒂利亚贵族们时常自豪地挽起袖管，展示自己雪白小臂上清晰可见的蓝色静脉血管，并称之为"蓝血"。因为不从事体力劳动所以肤白如雪，这与肤色黝黑的摩尔人大不相同。贵族由此显示自己与劳动者的根本区别。其实造成"蓝血"的真正原因和贵族的生活习惯也有密切的关系，比如金器、银器、锡器、白铅等。

中世纪时期欧洲贵族十分喜欢用各种贵金属餐具、盛水器皿、盥洗用具、宗教礼器等。因为经常接触和使用各种重金属制品，所有大部分的贵族都出现了不同程度的重金属中毒，这使得他们的皮肤十分白皙、细嫩有一种病态美，在白皙的皮肤下连静脉血管都依稀可见，看上去就像是蓝色的血。

画作中这名贵族领主的皮肤呈现出一种病态的灰白，同时他金色的长发黯淡无光显得病恹恹，整体形象散发出一种忧郁的病态美。

男性领主

女性领主

这幅图中的女性领主是游戏早期的绘画作品，原画师在设计她的形象时参考了中世纪时期苏格兰王国的凯尔特贵族，她有着传统凯尔特贵族少女白皙的皮肤和火红的长发以及一双浅绿色的眼睛。

男性领主

这张男性领主是最早期概念原画，他的人物设计灵感来源于原画师某一次在英国的历史博物馆闲逛。原画师解释说："这是一名游侠出身穿着链甲的领主，这样的装束和设计会显得更自由，相比领主，他更像是一名混迹酒馆的雇佣兵。"

女性领主

这张女性领主的原画设计灵感来源于一位中世纪时期令人生畏的维京领主拉葛莎,当然为了玩家更好的游戏体验,我们选择美化了这一形象。玩家在《列王的纷争》中会遭遇许多不同兵种搭配的军队,维京文明的军队就是其中最危险的一种,原画设计师解释说:"维京武士无论在陆地还是海洋上都是残忍凶狠的杀手,他们在全世界四处征伐,寻找一切能够与之战斗的人。维京的武士穿着看起来不太正式却异常坚固的盔甲,他们全身都是英勇作战留下的伤疤,这是他们的荣耀功勋,同时也是令敌人胆寒的战绩。"

这张男性领主的原画设计是一个在富裕的贵族家庭长大的领主，他的盔甲和外表都应体现出这一点。他全身有强健的肌肉，足以击败任何暴徒和士兵。从很年轻的时候起，他就是一支军队的统帅。他穿着的板甲和随身携带的巨剑对于表现他的人物身份有着至关重要的作用。这些描绘能够创造一个相当富有特色的人物形象。

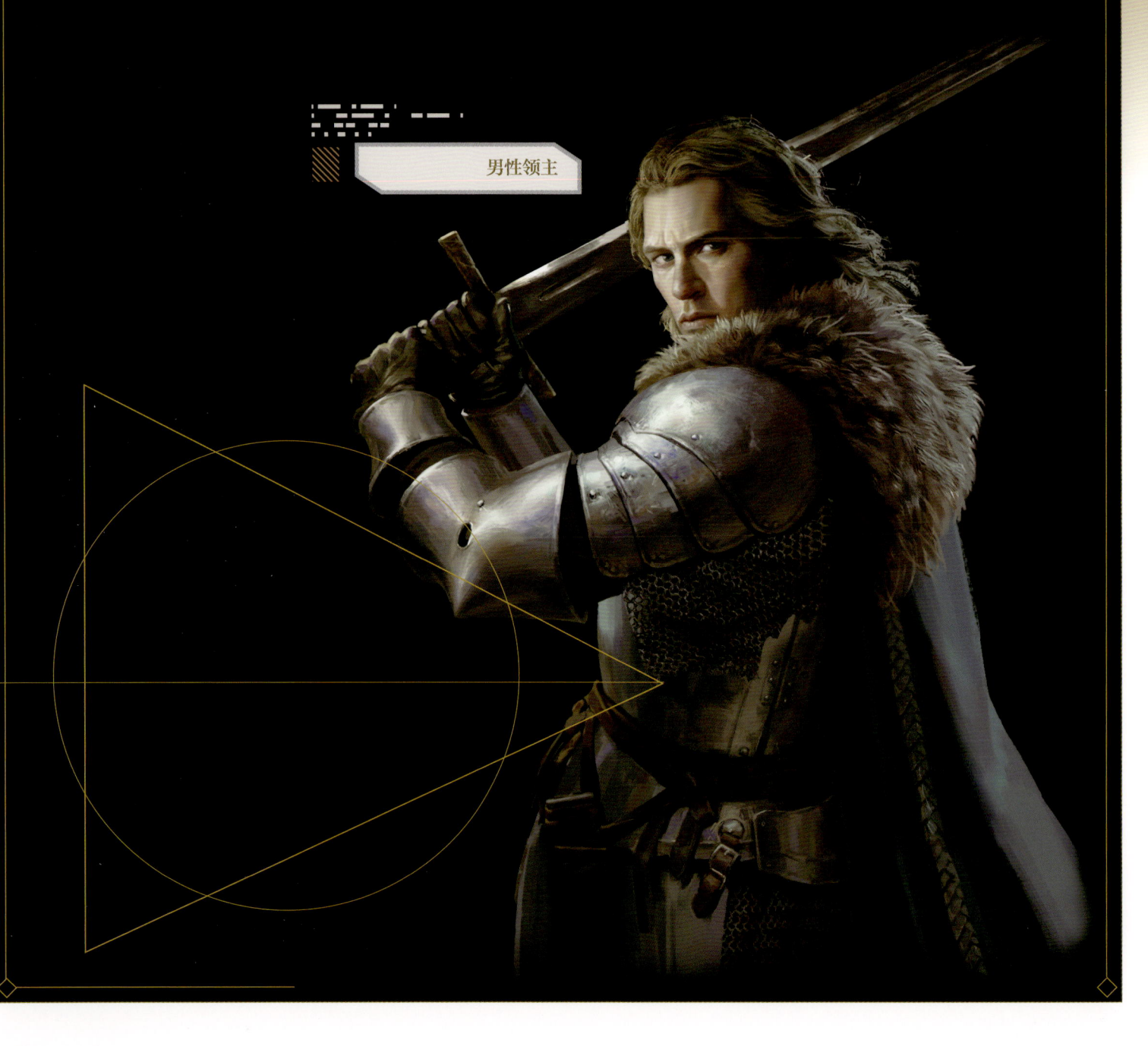

男性领主

女性领主

"这幅图中的女性领主，我们在她身上尝试了许多理念。到最后，我们决定采用相对简单的办法，不过我们还是在颜色上做出了大胆的选择，以强调她过度自信的天性。同时我们还将设计出的形象与战争建立起关系，所以我们才会选择为她配上皮质臂铠。"原画师说道。

这位男性领主的形象是一名手持剑盾，神情坚毅的骑士，岁月的馈赠使他看起来更加强大。无论玩家选择哪一个领主的形象，故事的展开都是一样的。玩家首先要做的是必须保护自己，建造城市和训练军队，在战火肆虐的大地之上取得一席之地。设计团队尽力让各个领主的外表在感觉上非常不同，但又有一些相似之处，尽可能地提升游戏的真实度。

男性领主

"这张女性领主的设计图非常有趣,我记得当时我正在逛大英博物馆,当我站在希腊馆中的命运三女神雕像群前,猝不及防我的脑海中闪过一个单词"缪斯"(Muses),紧接着这位古老的希腊女神,从她的神殿走进了我心中,然后顺着我的笔,走到了画中。"原画师说道。

女性领主

男性领主

这位男性领主是一位维京风格的人物,过往的战斗经历在他的心中留下了许多伤痕,同时也让这个角色变得如同钢铁般坚毅。在设计领主的外貌时,设计者希望让他看上去强壮而充满活力。"我们在他的眼睛里做了伪反光,这让他看起来更富有生命力。作为游戏的主角,他必须从任何角度来看都是强大且优秀的。"原画师解释道。

Rufus 大叔

起初是在古老的龙塔现世之后，巨龙的力量使得人类中陆续出现了超越凡人的英雄。《列王的纷争》中在巴尔国王的号召下，领主们纷纷建造了代表荣誉的英雄殿堂来聚集王国中的人类英雄加入自己的阵营。Rufus大叔就是众多英雄中的一位，他将源源不断地为王国带来财富。

未发布版！
Unpublish Version

"图中所显示的人物设计曾经被探讨是否用于新兵种或是新英雄的开发，但后来因为种种原因，被暂且搁置了。也许在以后的游戏中，这位女武神（瓦尔基里）会带着全新身份和使命与大家见面。"原画师根据自己的回忆慢慢说道。

未发布版！
Unpublish Version

原画师表示，图中的人物设计源于北欧神话中的女武神（瓦尔基里），事实上我们的维京文明已经拥有了一位文明英雄——女武神（瓦尔基里）。但根据北欧神话体系的揭示，女武神（瓦尔基里）并不具备唯一性，她们更像是一支具备特殊使命和能力的军队。

CHARACTERS

原画师解释说："这张设计图显示的是一名经典的中世纪北欧勇士的形象。他们在战斗中一般是右手持短柄北欧巨斧，沉重的斧身会带来巨大的惯性，可以很轻易地击杀眼前的敌军，而左腰挎日耳曼短剑则可以更加灵活地保护自己和身边的同袍战友。"

美术团队从经典的历史武器中取材，设计了一系列不同类型的武器，从普通士兵朴实无华的英式阔剑，到上图领主腰间佩戴的装饰华丽而繁复的亚特坎长刀，而这些形象都更加逼真地还原了中世纪时期的贵族领主、骑士、士兵之间真实的差异，使游戏的品质得到了极大的提升。

CHARACTERS

未发布版！ Unpublish Version

霍尔身边的谋士（赫吉）

　　一个肩膀上站着鹰的奇怪男人，在"黑骑士"陨落之后便出现在霍尔身边。据公主诺维雅所说，霍尔德尔在自己童年时非常疼爱自己，但是自从部下赫吉出现后，霍尔行事变得古怪、不择手段。对于他的叛变，诺维雅还一直抱有疑问。

　　原画师表示："其实很早的时候我们就对这个角色做过深入的反复探讨，后来发现这个角色牵扯的问题太多了，也许我们会在之后某个合适的时间点，比如一个宏大而特别的世界任务中将这个角色放出。"

　　原画师表示："其实除了丰富的兵种之外，我们还有考虑是否设计一些全新的战士，他们将拥有强大的技能，我想这无疑会为排兵策略带来更多变化。"

未发布版！ Unpublish Version

王冠设计说明:
王冠整体为圆圈形环绕结构,主体为黄金材质,在细节上可以适当点缀珠宝。在设计元素上以鹰和狮子为主,其中加入缓带和橄榄树叶等元素烘托王者气度,提升王冠的高贵气息。

王冠设计说明

王冠

原画设计师表示:"我们参考欧洲中世纪各个时期的王冠,想从中选取一些合适的素材,最后我们决定,以圆形环绕为主结构,主体为黄金材质,在细节上我们适当点缀了各种色彩的珠宝,在设计元素上以随和的狮子为主,其中加入缓带和橄榄树叶等元素烘托王者气度,提升王冠的高贵气息。"

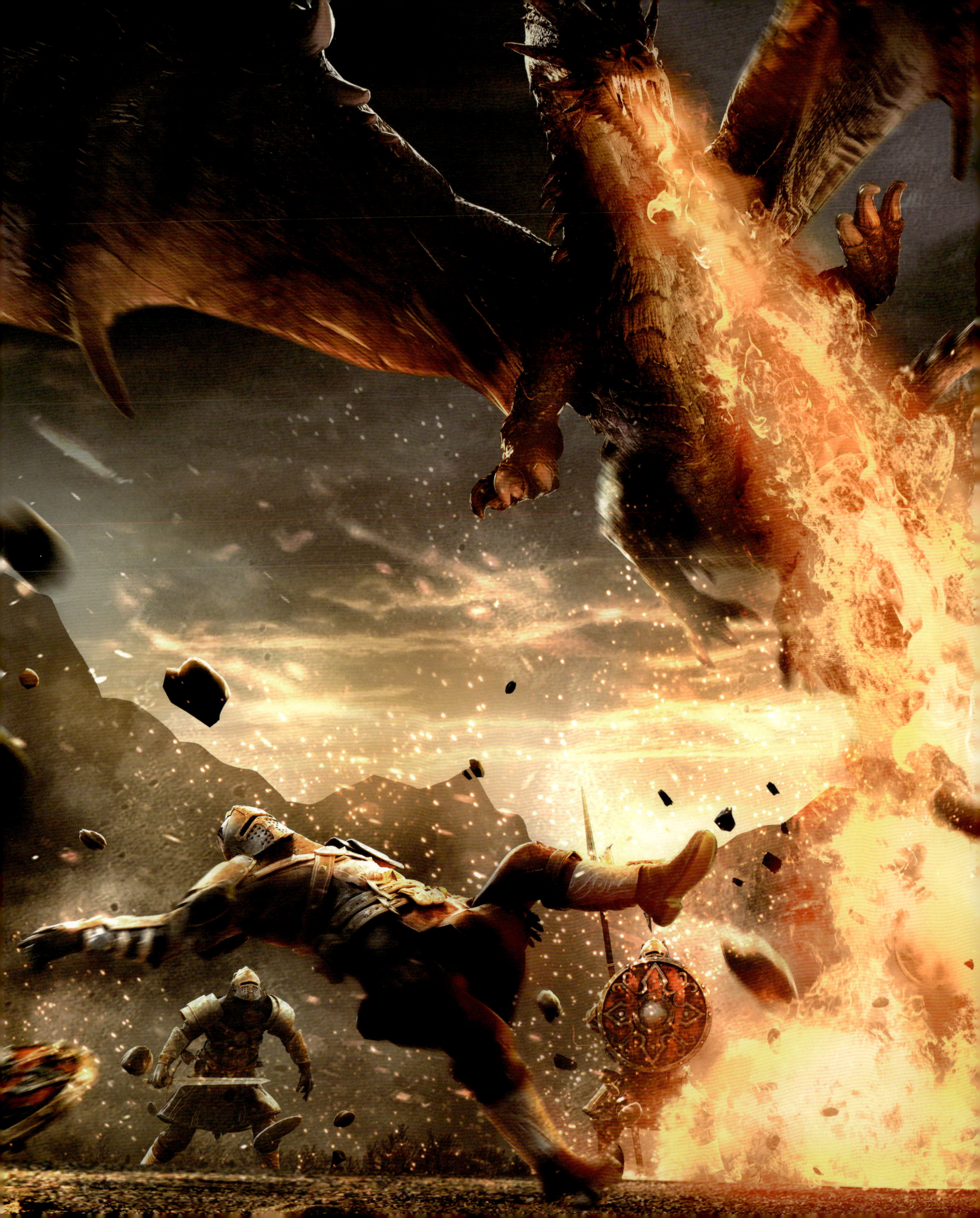

第五章 龙

CLASH
K

龙形传说生物

关于龙形传说生物，是指世界各地一类近似爬虫类动物之传说生物的统称。在不同文化中皆可见类似形状的传说动物，并出现在各种文学、艺术作品以及建筑、纪念物中。

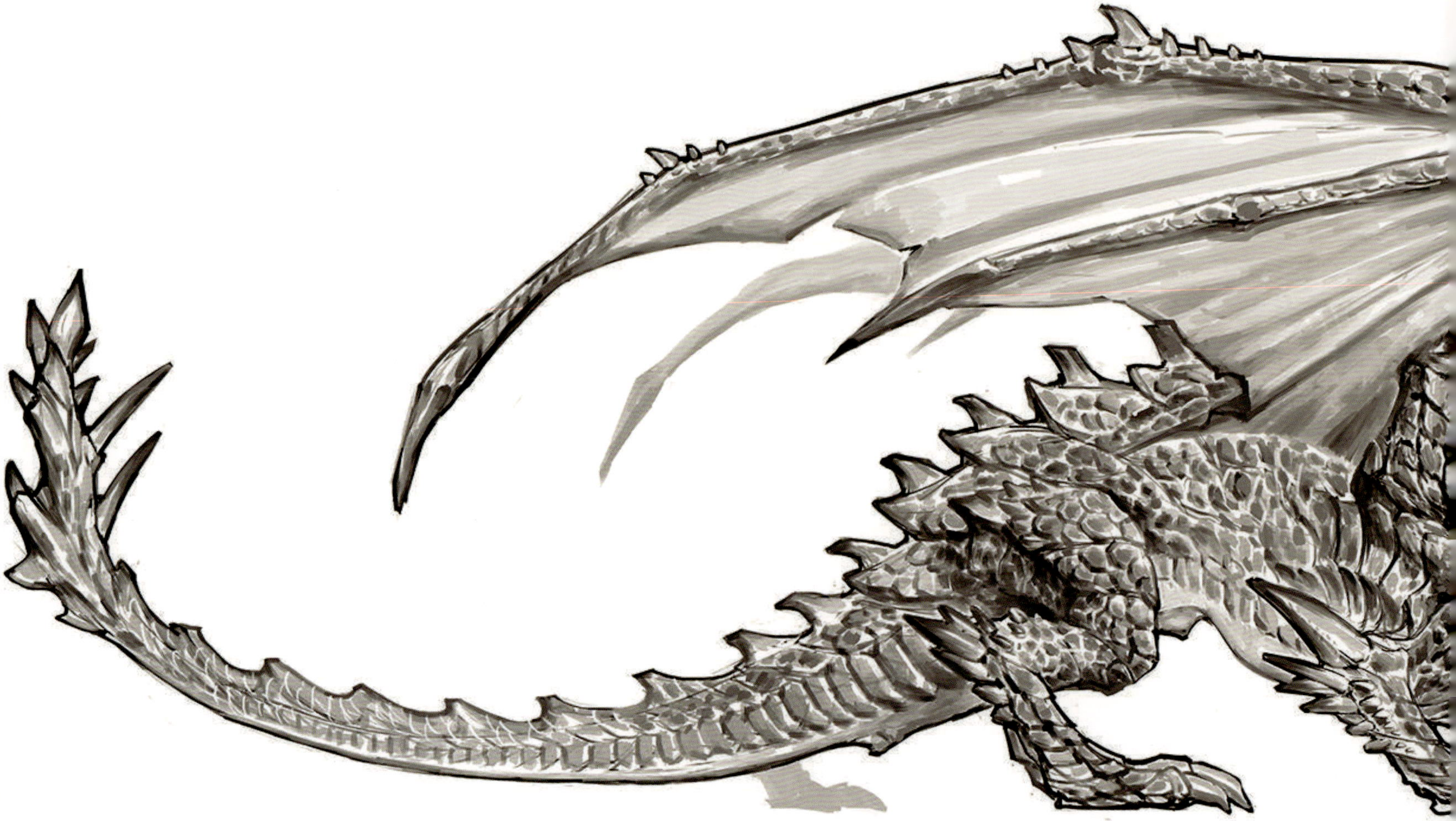

巨龙设计草图

原画师表示在设计中，COK中的巨龙与传统印象中的西方龙没有什么不一样的，它们都拥有强壮的身躯，又长又粗的颈，有角或褶边的头，尖锐的牙齿，和一条长长的尾。它用四只强而有力的脚步行，用一对像蝙蝠翼的巨翼飞行，它的全身覆盖着鳞片，保护着身体。它的眼睛有四层眼睑，其中内三层是透明的，可保护眼睛免受伤害，耳朵可以开合，但不是所有龙都有外耳。牙齿尖而利，通常会向内弯，以便撕开猎物。

龙形生物设计草图

寒冰骨龙的设计看起来像是一个有类似美洲狮的身体，两只巨大的蝙蝠翅膀或羽翼，四条腿和一个有些像马的头。它的尾巴长而蜿蜒，末端有刺，可能有倒钩。龙有几排尖牙，有背棘。

寒冰骨龙

原画设计师表示:"寒冰骨龙的设计思路是在原有的巨龙设计上,进行更深度的刻画,我们在原巨龙设计基础上添加了尼德霍格、米德加德等北欧神话中的巨龙元素,使原本单一的巨龙形象,变得更为生动复杂。"

烈焰狂龙

原画设计师表示:"烈焰狂龙的设计思路与寒冰骨龙的设计思路是一样的,都是在原巨龙的设计基础上进行更深度的刻画,我们在烈焰狂龙的设计及绘制过程中添加了凯尔特神话中的红龙元素,这也让烈焰狂龙的巨龙形象更加丰满充实。"

CLASH OF KINGS

寒冰骨龙设计图

当谈到寒冰骨龙的设计时，原画设计师用激动的情绪介绍道："看看他层次分明的爪子，看看他头上角度完美的帅气龙角，这简直是艺术品，寒冰骨龙的形象呈现出一条完美的北欧巨龙形象。"

《列王的纷争》世界里，龙是一种古老的有翼爬行动物，它们以体形、力量和魔法能力而闻名，也因此为人惧怕。在龙的族群体系中，越是古老的龙，就越是具有强大力量的龙。而大多数龙，都可以通过龙鳞的色泽和身体的大小来辨别种类。

蓝龙体形硕大，它们那强有力的爪子和利齿都足以成为对手的噩梦。它们也经常使用喷吐攻击或其他特殊的物理攻击方式，即使是世界上最强大的战士，面对蓝龙时都必须小心翼翼。但相较于攻击，蓝龙给友军带来的强力救援更为人称道。

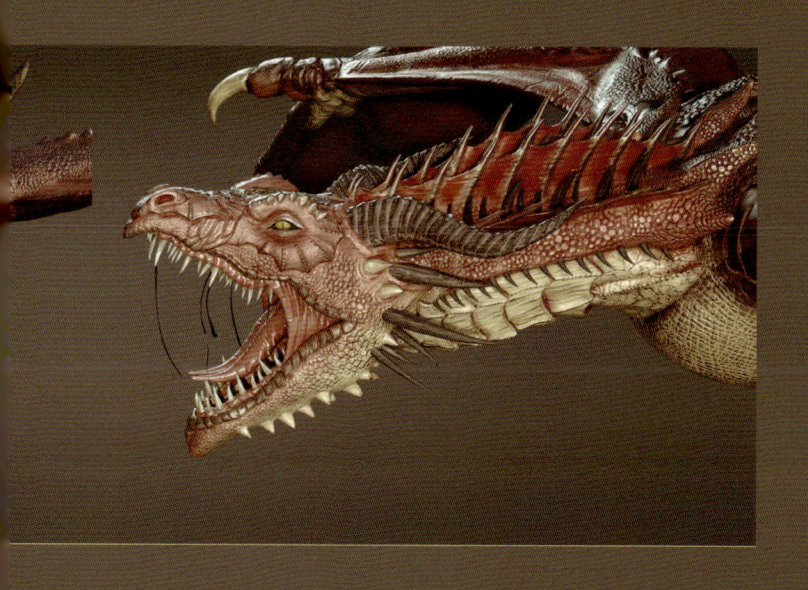

在《列王的纷争》世界里红龙是一种极为常见的巨龙，同时也是所有龙里面最贪婪和领地观念最重的龙。它们永远都在掠夺各种宝物来增加自己的宝库。红龙极为自信，这点可以从它们的傲慢举止和轻蔑表情中看得出来。随着红龙年龄的增长，它们的鳞片会逐渐变得厚重而沧桑。年轻的红龙们，往往拥有金属般色泽的坚硬鳞片，而老迈的红龙，鳞片则如同烧红的岩石。

红龙一旦发现敌人，就会立即决定是否发动攻击。若攻击的话，就会立即选定一个优秀的龙类战术，而龙类的战术往往依托于地形的优势。每当龙类对付较弱的对手时，常常会采用尖牙和利爪进行攻击，只有在面对强大敌人时，才会使用火焰喷吐和龙魂魔法。

红龙极为自负，地盘观念也非常强烈。是所有龙类里，最擅长守据龙穴的一个品种。红龙很容易辨认，它们的鳞片颜色从灿烂的枫叶色到深邃的岩浆色不等。

黑龙们有着与其他龙类不一样的思考逻辑，黑龙们一直不齿其他龙类掠夺财宝的行为。在黑龙们的眼中掠夺来的财宝附带了低等生物的审美，而这与龙类高贵的品位相悖。所以黑龙们更喜欢自己去搜集财宝和各种资源，然后用搜集来的各种宝物和资源，将自己的龙穴装饰得漂漂亮亮。

黑龙设计图

原画师表示，其实关于巨龙的设计方向，是源于一个著名的与龙有关的故事。《圣乔治与龙》这个故事最早是在8世纪时以口头的方式传播，9世纪后开始作为"圣乔治传记"的一部分。10至11世纪时，开始出现与之相关的图画形象。据圣徒传《黄金传奇》中的描绘，故事发生在一个虚构的城市里，有一头巨龙住在城边的一个湖里，它能喷出毒气。人们为了不受毒气侵扰，只能用羊或者活人献祭。当轮到国王的女儿做祭品时，路过的圣乔治看见了坐在湖边等待献祭的公主，遂决定屠龙。他成功用长枪刺伤毒龙，用公主的束带将龙绑进城里。城中居民见此纷纷拜倒，圣乔治随后斩下了龙的头颅。由于《黄金传奇》等书籍和故事在中世纪的欧洲广为流传，圣乔治与龙的故事也出现在各个宗教或民间的文学和艺术作品中。

设计师曾参考过伦敦大英博物馆内保存的多件15世纪以来关于圣乔治与龙的壁画装饰，以及圣彼得堡的俄罗斯博物馆中多件14世纪时期的圣乔治屠龙绘像。从这些图像中，我们的设计师发现，在不同时期，龙的形象是有着不同变化的。14世纪以前的图像中，龙的形象大多作为巨蛇或四脚巨蛇的形象出现，而从15世纪开始，龙的形象则多出狮子或蜥蜴一般的躯干、鸟爪以及无毛的翅膀。我们的原画设计师从这些艺术品中大获启发，于是才有了之后《列王的纷争》中的经典巨龙形象。

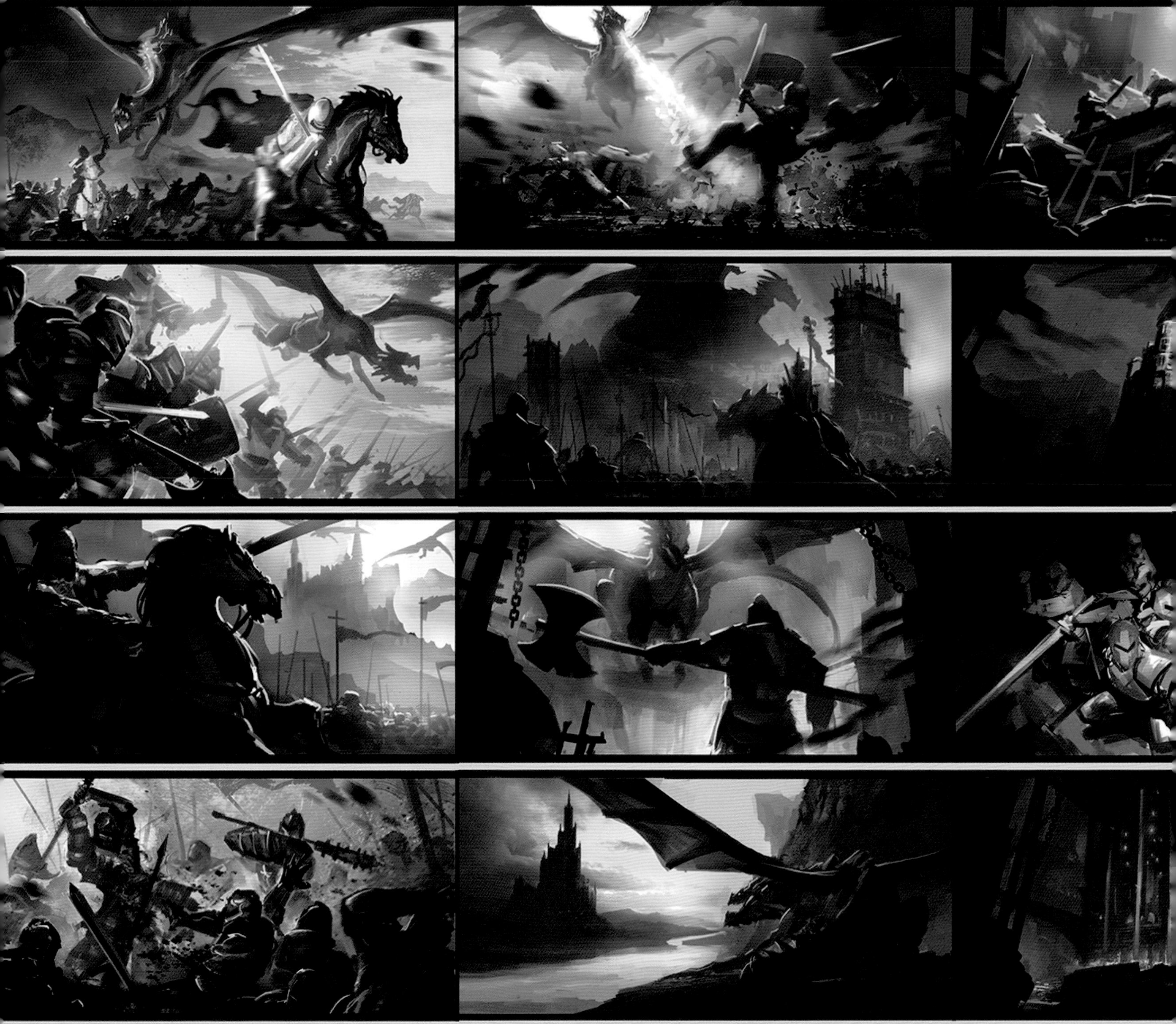

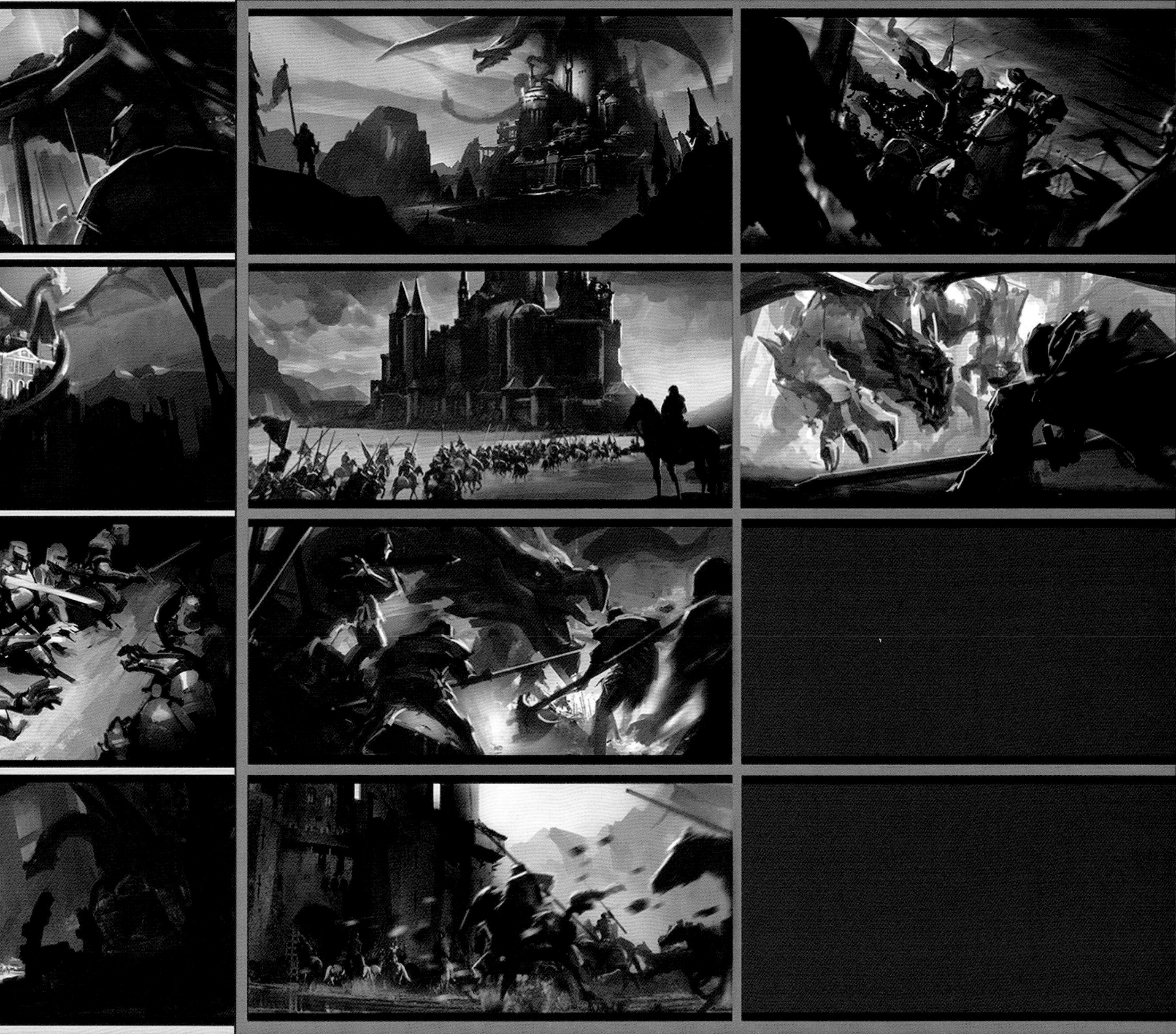

104

105

远征

自从神迹的消息如风信子一般撒落至整个大陆，疯狂的掌权者们纷纷不遗余力地寻找着这个神秘的建筑。

其中，一支来自罗肯公国的探险军历经千辛万苦，在翻越了被称为"大陆脊骨"的弗雷山脉后，发现了一片广袤无垠的原始森林。本打算只是稍作休息的探险军，意外勘探出在这片看似寻常的森林里竟然蕴藏着数量庞大到令人发指、品质珍稀到令人垂涎的矿藏！

罗肯公国随后立即向整个大陆突然宣告了对这片森林的主权，并将此地正式命名为罗肯希尔矿。可惜的是，在这纷争不断的大陆，面对如此赤裸裸的黑金诱惑，表面风平浪静的相邻各国早已暗潮涌动、摩拳擦掌！

呼啸的疾风已经撕裂了残破的军旗，低沉的号角再次回荡起冲锋的旋律！

第六章 世界

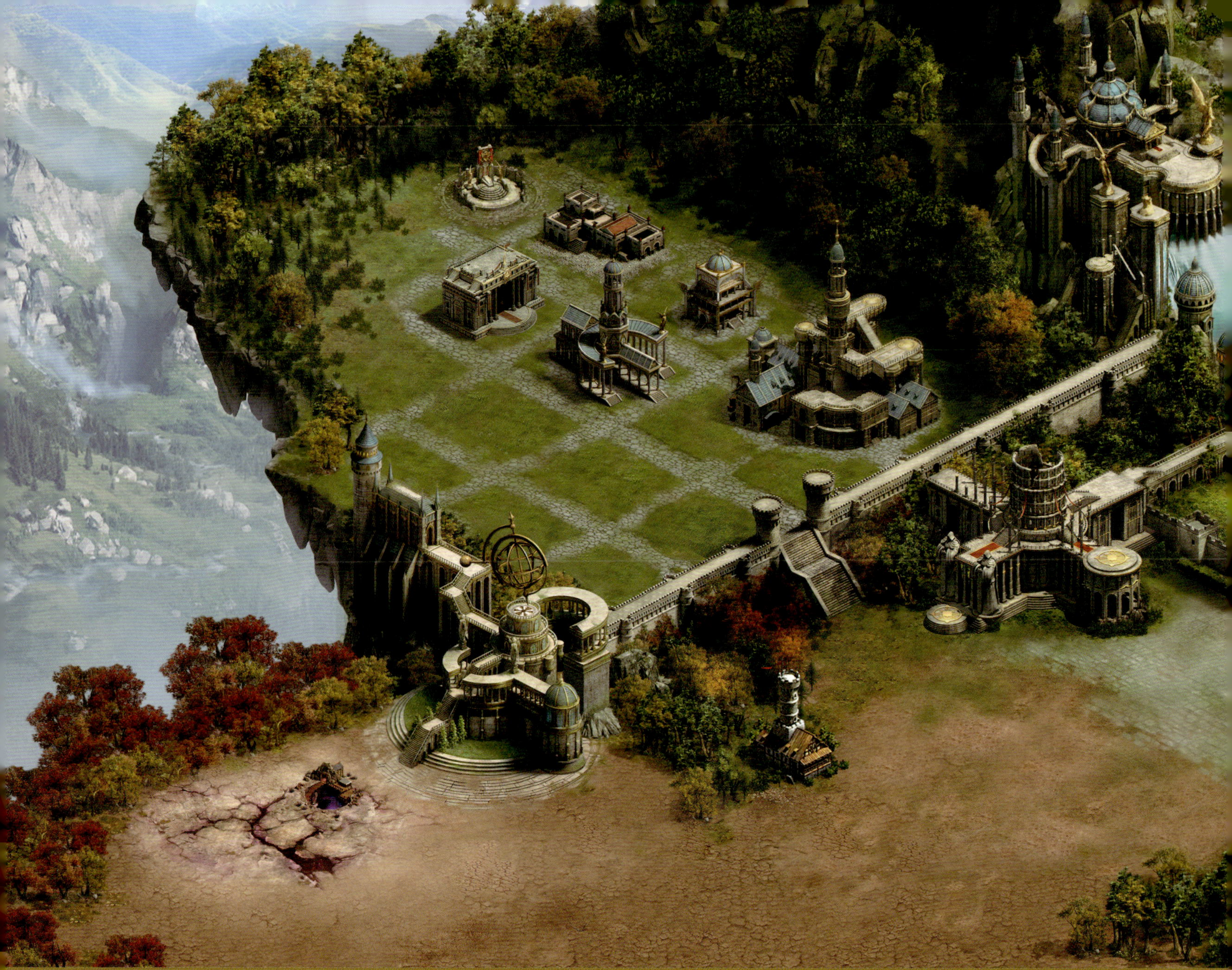

文明的崛起

龙裔文明地图

统治伊利亚特大陆北部地区的是龙裔文明，龙裔人祖祖辈辈坚守着对巨龙的信仰，古代帝国消失之后，龙裔人依仗着先进的工程技术和英勇善战征服了大片帝国故土。他们坚信自己是创世巨龙的后裔，其皇室成员被称作"真龙之子"。伟大的泰利德尔王统一了整个部族，建立了克利夫王国，并将王国的疆土扩展到伊利亚特大陆的中部。

维京文明地图

在伊森加德大陆中部，有一群身形健硕，勇猛无比的战士，传说他们受到英灵殿众神的眷顾。严酷的环境铸造了他们强壮的躯体，汹涌的大海教会了他们如何驾船。维京人是天生的战士，从孩提时代开始，维京人就喜爱种种竞争激烈的游戏。由于人数较少，维京人擅长制订周密的计划与出其不意的突袭。在战斗中他们又表现得异乎寻常的狂热，悍不畏死。在平时他们喜欢聆听祖辈的传奇故事和诗歌，以此来传承先辈的传奇和自己文明的历史。

维京人以战死为荣，如果一个男人光荣战死，灵魂就能进入天国神宫英灵殿，勇士的英灵在那里饮宴、欢歌、讲述传奇。大领主卡尔斯兰德短暂地统一了维京，建立了诺斯兰联盟，大领主以自己的威望倡导信奉海龙，崇尚战斗和冒险，引导并发展了维京人的航海事业。此后，维京人的船队遍布海洋，诺斯兰的都城也成为最大的港口，维京人用冒险和商业连接了三个大陆和东部群岛。

大和文明地图

大和文明的家园位于伊森加德大陆东南、伊芙妮大陆北部的东部群岛之上，他们注重礼仪，视自己部族的氏神为祖先。但在更加古老的传说中，所有氏神都是伟大白神的子孙。大和文明奉行白神的神谕，拥有与白神沟通能力的巫女被所有大和人民奉为领袖。在经历了女王卑弥呼去世之时的动乱后，继任的女王与白龙订立血契，奉白龙为主神，享受大和民族的供奉，以此保佑女王一脉王道正统的地位和权威。自此以后，白龙的血脉与女王的血脉融合，成为神圣不可侵犯的国家象征。随后女王下令封印所有氏族的氏神，所有国民供奉唯一的主神——白神，并在所有大氏神封印地分封了数位镇守大名，治理一方并定期祭祀，平抑被封印氏神的躁动，并镇压所有反叛。在政教合一之后，大和国家空前凝聚，有很强的组织性。

华夏文明地图

华夏文明，一个存在于伊芙妮大陆中部和东部的帝国文明。他们信奉祖灵，将逝去的祖先作为神明一般崇拜，他们和古老的麒麟定下契约，以每年的大型祭祀来换取麒麟的保佑。在上古时期，各个部族之间爆发了旷日持久的战争，一个部落的首领黄帝得到了灵兽麒麟的护佑，实力迅速增强，经过数十年的努力，统一了这片大陆，建立了华夏文明。在麒麟的护佑下，帝国稳定地统治着这片大陆。帝国有着深厚的农业文明基础，对于土地和家庭十分重视，他们的力量来自守护和同伴。为了保卫家园，他们可以前赴后继，悍不畏死。温和的农业文明也让他们有着发达的礼仪制度，华夏文明始终坚持着"秉承忠诚侠义之志，恪守谦虚退让之礼"。帝国专门有史官和诗官来管理自己的历史和文化。对故乡的感情和对自身历史的明晰，让帝国人民对国家和文化有着深厚的感情，也是帝国军队的力量源泉。

城堡皮肤

祥龙城堡皮肤

情人节城堡皮肤

冰雪城堡皮肤

阿拉伯风情城堡皮肤

中国台湾风情城堡皮肤

韩国风情城堡皮肤

幕府城堡皮肤

赤焰红龙城堡皮肤

玉楼金殿高级城堡

阿波罗和达芙妮

情侣城堡皮肤

阿波罗和达芙妮

113

盔甲花纹工艺参考

盔甲蛇形花纹工艺参考

蛇头肩甲扣

布料内衬参考　　胸甲美杜莎脸部参考

头盔造型参考　　头盔装饰参考　　　花纹参考

盾牌特效

美杜莎头与盾的衔接示意　蛇发参考品（数量以原画为准）　盾牌C盾底纹（美杜莎头发）

盾牌模型（无特效），蛇有动作。

背部扎三把刀（带锈迹）

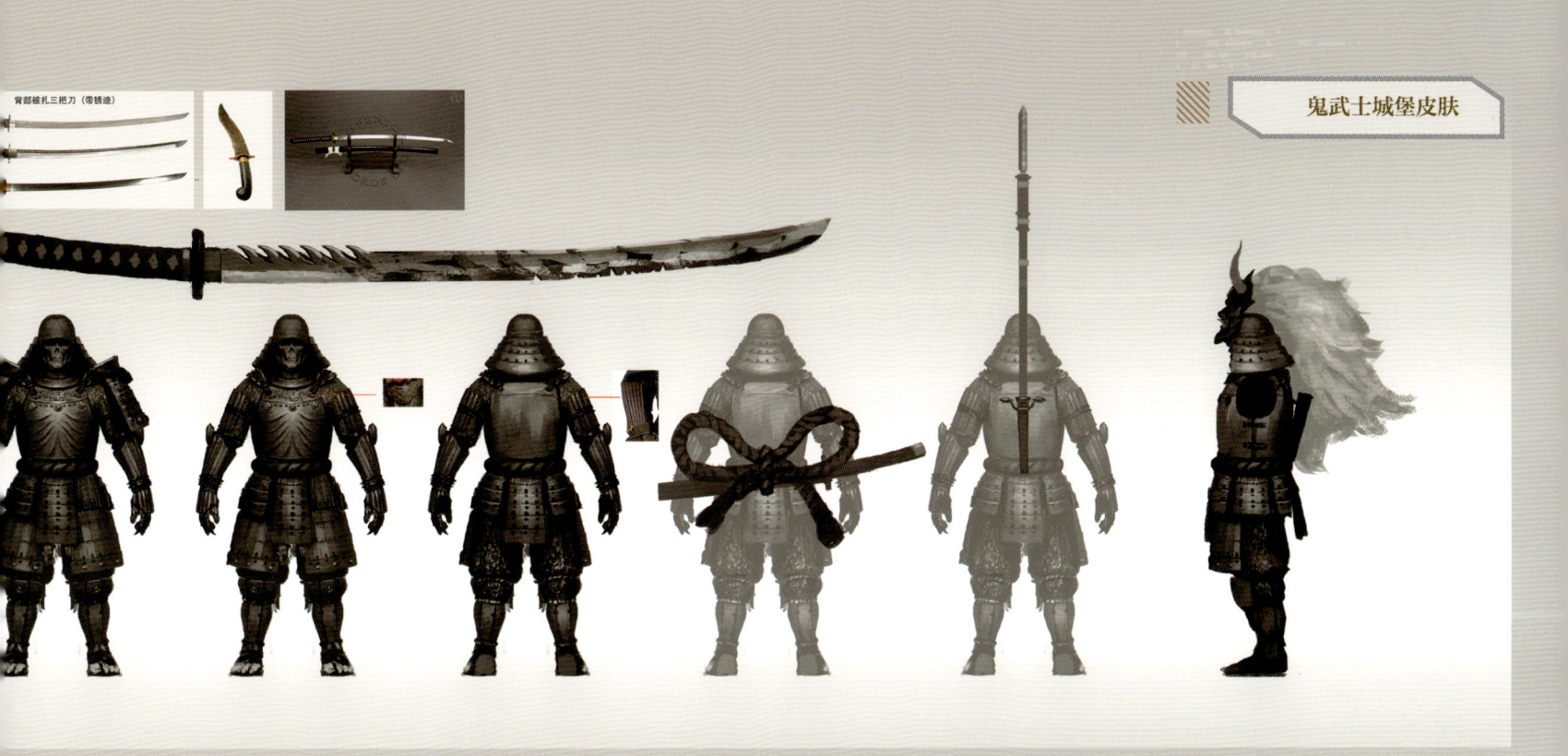

鬼武士城堡皮肤

黄金雅典娜城堡皮肤

背甲示意

盔甲材质

皮革材质

火焰女神赫斯提亚城堡皮肤

45° T POSE 及 特效 参

背部及披风穿戴

酒神狄俄尼索斯城堡皮肤

攻击时的酒雾特效，可参考熊猫酒仙的技能。

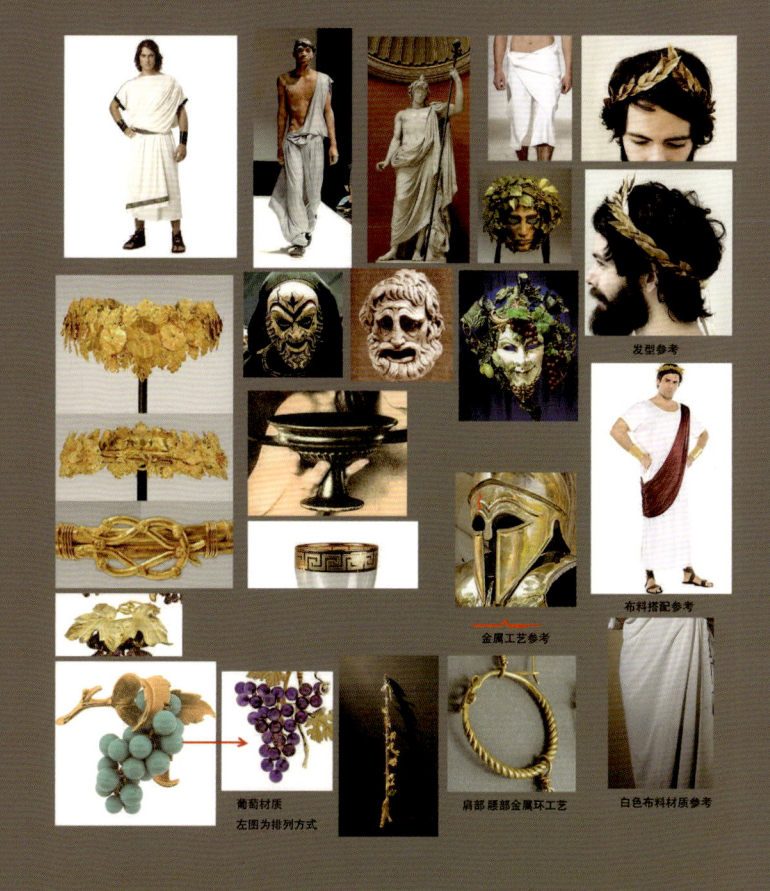

白色内衬及材质参考
裙摆花纹参考
腰带样式参考
护腕，腰带工艺及花纹参考
鞋子参考
肩部装饰及项链工艺参考
火焰皇冠参考
发型参考
头发及披风处浓烟 火星特效参考
符文样式
白色长裙材质
金属材质
裙子（外）及披风材质

头冠示意图（展开）
面具参考(红色部分相接)
发型参考
金属工艺参考
布料搭配参考
葡萄材质 左图为排列方式
肩部腰部金属环工艺
白色布料材质参考

美神阿芙洛狄忒城堡皮肤

发型参考　　裙摆造型参考　　服装材质参考（对应颜色）

头冠羽毛参考（含材质）　　胸针翅膀造型参考

臂环造型参考

金属链参考

死亡女神城堡皮肤

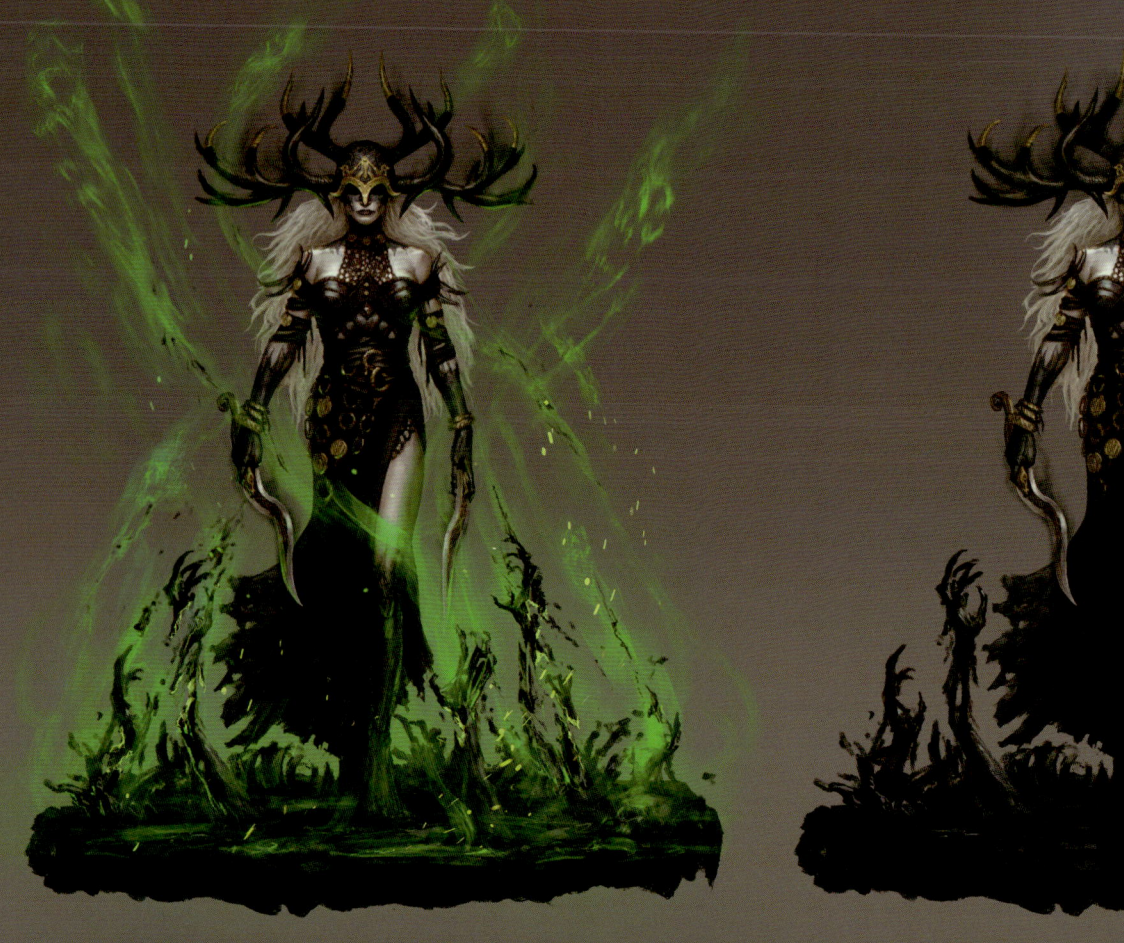

材质参考

附：护鼻花纹

鹿角及头盔材质参考　　　　头盔纹样工艺

头发质感参考

胸部封边参考　鹿角花纹

手镯参考　胸、腿部链甲参考　链甲材质

头盔材质参考

休闲动作及特效　　　　　　攻击动作动作及特效

119

中立建筑设计

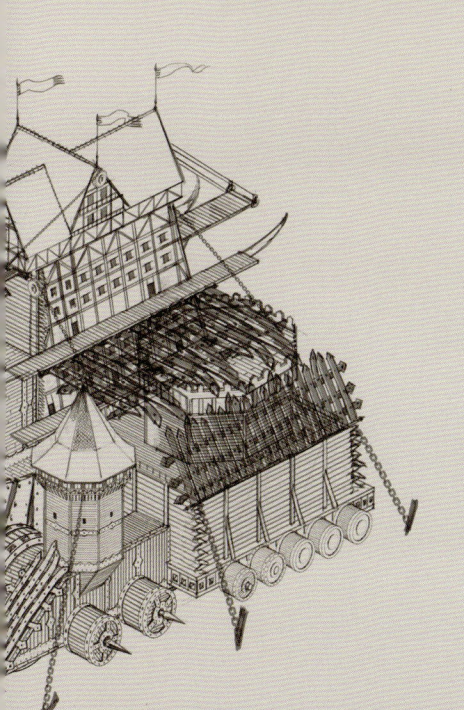

未发布版
Unpublish Version

中立建筑设计图

中立建筑设计图（众志成城）

中立建筑原画（众志成城）

大使馆结构图

城内建筑设计

草稿勾线，绘制光影，平涂颜色。

原画设计师表示："游戏初始的龙裔文明建筑的设计源于罗马式建筑风格，而选择罗马式建筑风格的原因是罗马式建筑兴起于公元9世纪至15世纪，是欧洲的主要建筑形式之一。罗马式建筑的特征是线条简单、明快，造型厚重、敦实，其中部分建筑具有封建城堡的特征，是神权与王权威力的化身。而这样的设定，非常符合《列王的纷争》所需要的建筑风格。"

矿脉之塔结构图

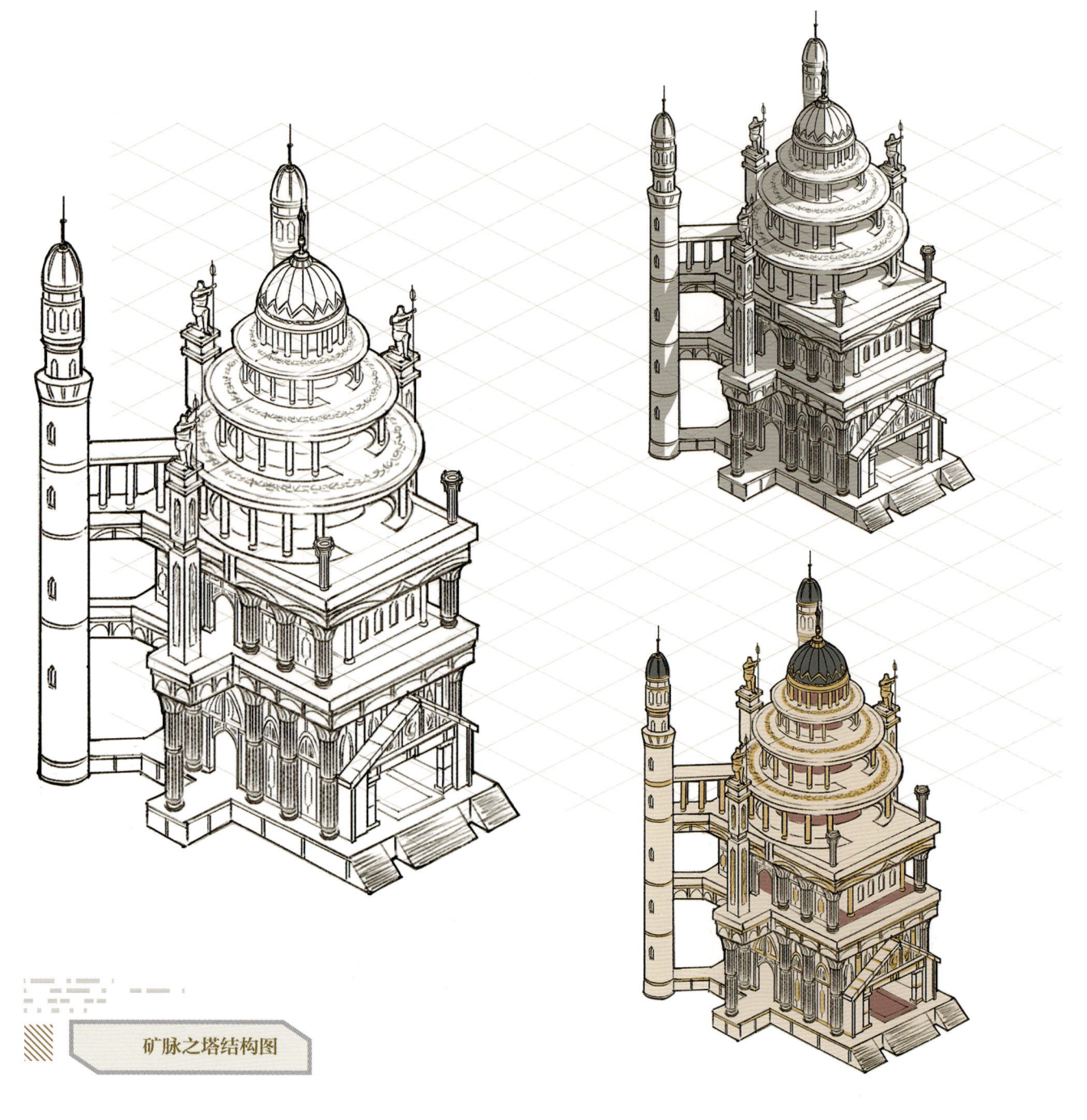

　　草稿勾线，绘制光影，平涂颜色。

　　设计师表示："无论是宗教性质的罗马式建筑，还是世俗性质的罗马式建筑，都普遍给人以坚固而有力的印象。与之前的古罗马建筑和之后的哥特式建筑均以柱子、壁柱和拱作为承重构件相比，罗马式建筑则更与拜占庭建筑类似，依靠墙或是被称为墩柱的墙段承重。这样的设计与游戏本身应有的设计风格不谋而合。"

哨塔结构图

草稿勾线，绘制光影，平涂颜色。
草稿勾线，平涂颜色。

原画设计师表示："在城内建筑的设计过程中，那些带有科林斯叶饰风格的罗马式建筑中的柱式细节提供了大量的灵感。它们所雕刻的准确性很大程度上取决于原作范例的取得程度，这也是我们游戏所参考的细节之一，而那些位于意大利和法国南部的罗马式建筑，会相对于英格兰更为接近我们所需要的古典样式。"

原画设计师强调："那些科林斯柱式基本上为置放在圆柱上的底部呈圆形，而支撑墙体或拱券的顶部呈方形。罗马式建筑的柱式仍然保持了此种柱头形式常规的比例和轮廓，而实现它的最简单的方法是切割立方体并将底部的四角按照某个角度收进，以使其顶部呈方形而底部呈矩形。这种形状为其增添了广泛的、多样的加工特色，这也为我们的原画设计工作提供了广袤的发展空间。"

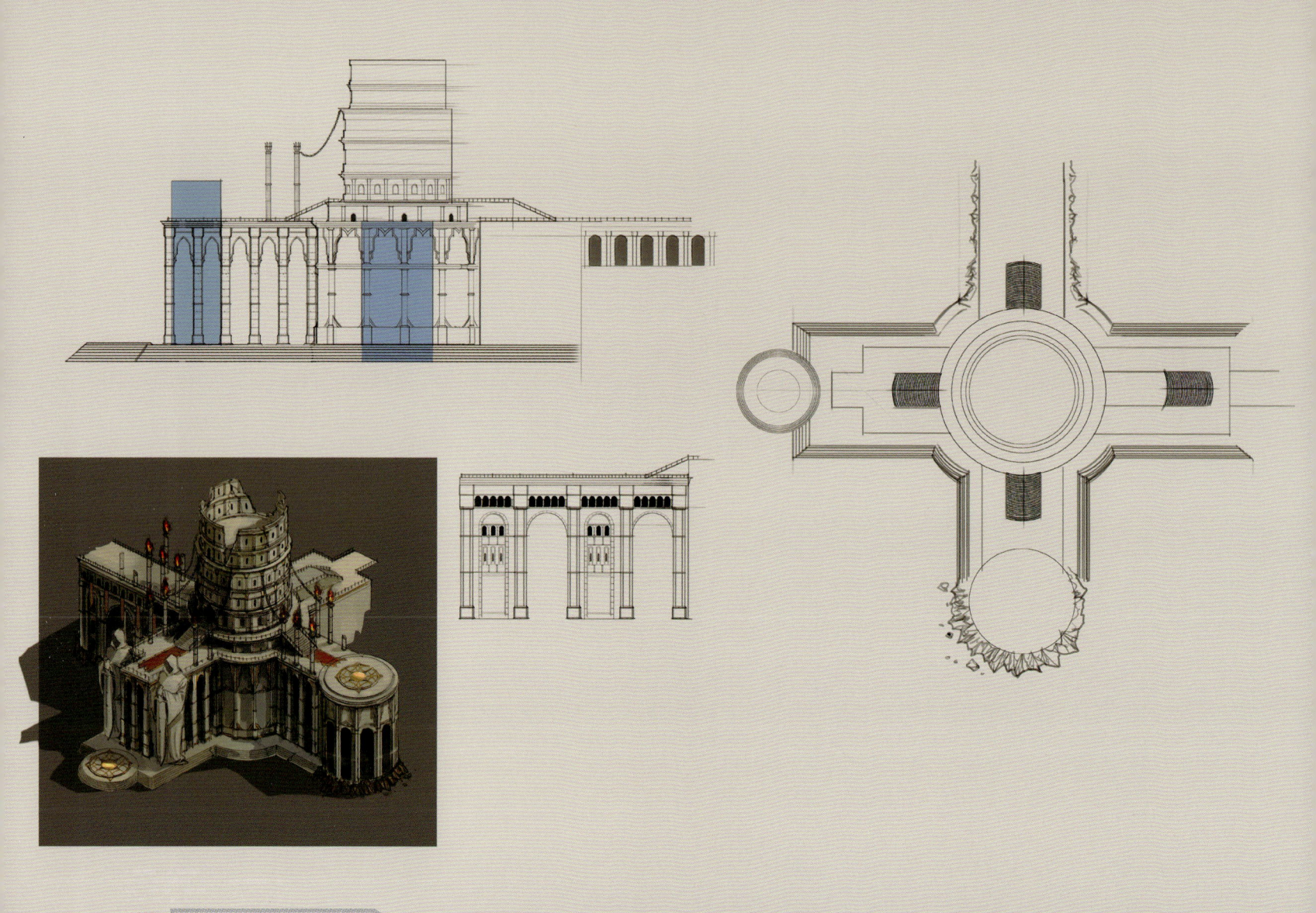

英雄大厅

龙裔文明英雄大厅初始设计图。

原画设计师表示，龙裔文明的英雄大厅在设计之初的技术处理方面，是以罗马建筑中经典的拱顶为主，以石头的曲线结构来覆盖空间。罗马式建筑的美学观点就是建筑物巨大、繁复，强调明暗对照法，所以罗马式建筑的窗户很小而且离地面较高，采光少，里面光线昏暗，使其显示出神秘与超世的意境。门窗上方均为半圆形。而在艺术风格上，罗马式宗教建筑则表现为建筑物内占有较大的空间，横厅宽阔、中殿纵深，在外观上构成了特殊的形象。

主城设计图

主城的展示是玩家进入游戏后的第一个画面，丰富的建筑对应了游戏内的各种功能，通过玩家的建造与升级来丰富和强大属于领主的王国。

原画设计师表示，主城设计图的原始概念建立在一份被称为圣加伦平面的9世纪瑞士手稿，这份手稿展示了一处宗教建筑群的详细平面图，并标示有各种各样的建筑以及它们的功能。最大的一座建筑是某种神殿性质的建筑，它的平面是明显的德国式的，其中两个尽端均有半圆形壁龛，这一布置方式通常在其他地方非常罕见。同时神殿的另一个特色是它规整的比例，交叉部塔楼的方形平面为其他部分提供了一个模数，这两处特色在最初的罗马式建筑、建于1001-1030年的希尔德斯海姆-圣米迦勒宗教建筑上也可以看到。

联盟堡垒

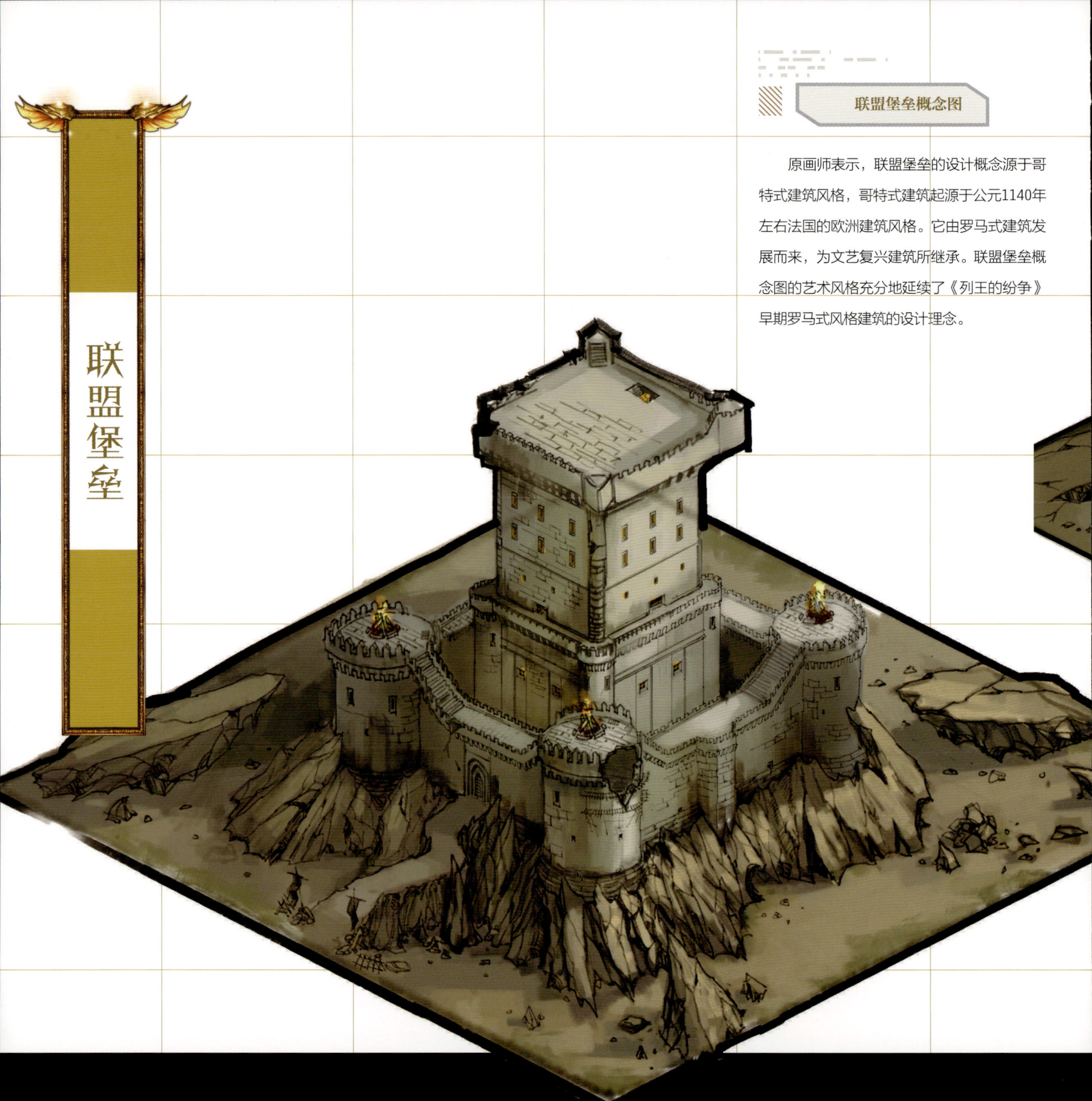

联盟堡垒概念图

原画师表示，联盟堡垒的设计概念源于哥特式建筑风格，哥特式建筑起源于公元1140年左右法国的欧洲建筑风格。它由罗马式建筑发展而来，为文艺复兴建筑所继承。联盟堡垒概念图的艺术风格充分地延续了《列王的纷争》早期罗马式风格建筑的设计理念。

联盟堡垒概念图

原画师表示，《列王的纷争》建筑原画设计，从早期的罗马式建筑的圆筒拱顶，到后期普遍改为哥特式尖肋拱顶，推力作用于四个拱底石上，这样拱顶的高度和跨度不再受限制，可以建得又大又高。并且尖肋拱顶也具有"向上"的视觉暗示。

联盟堡垒概念图

原画师表示，传统哥特式建筑的整体风格为高耸瘦削且带尖，以卓越的建筑技艺表现了神秘、哀婉、崇高的强烈情感，对于后期《列王的纷争》的建筑设计有重大影响。

神迹之塔结构图

原画师表示，神迹之塔的设计与其他的设计风格截然不同，神迹之塔采用的是公元2世纪左右的古罗马建筑风格，古罗马建筑的结构特点是拱门结构、拱架结构、桁架结构、梁柱体系、喷泉结构、门楣结构、拱券结构、交叉拱顶结构、多穹顶结构。这样的设计能满足各种复杂的功能要求，主要依靠水平很高的拱券结构获得宽阔的内部空间。古罗马建筑艺术成就很高，大型建筑物风格雄浑凝重，构图和谐统一、形式多样，非常符合神迹之塔本身的创作理念。

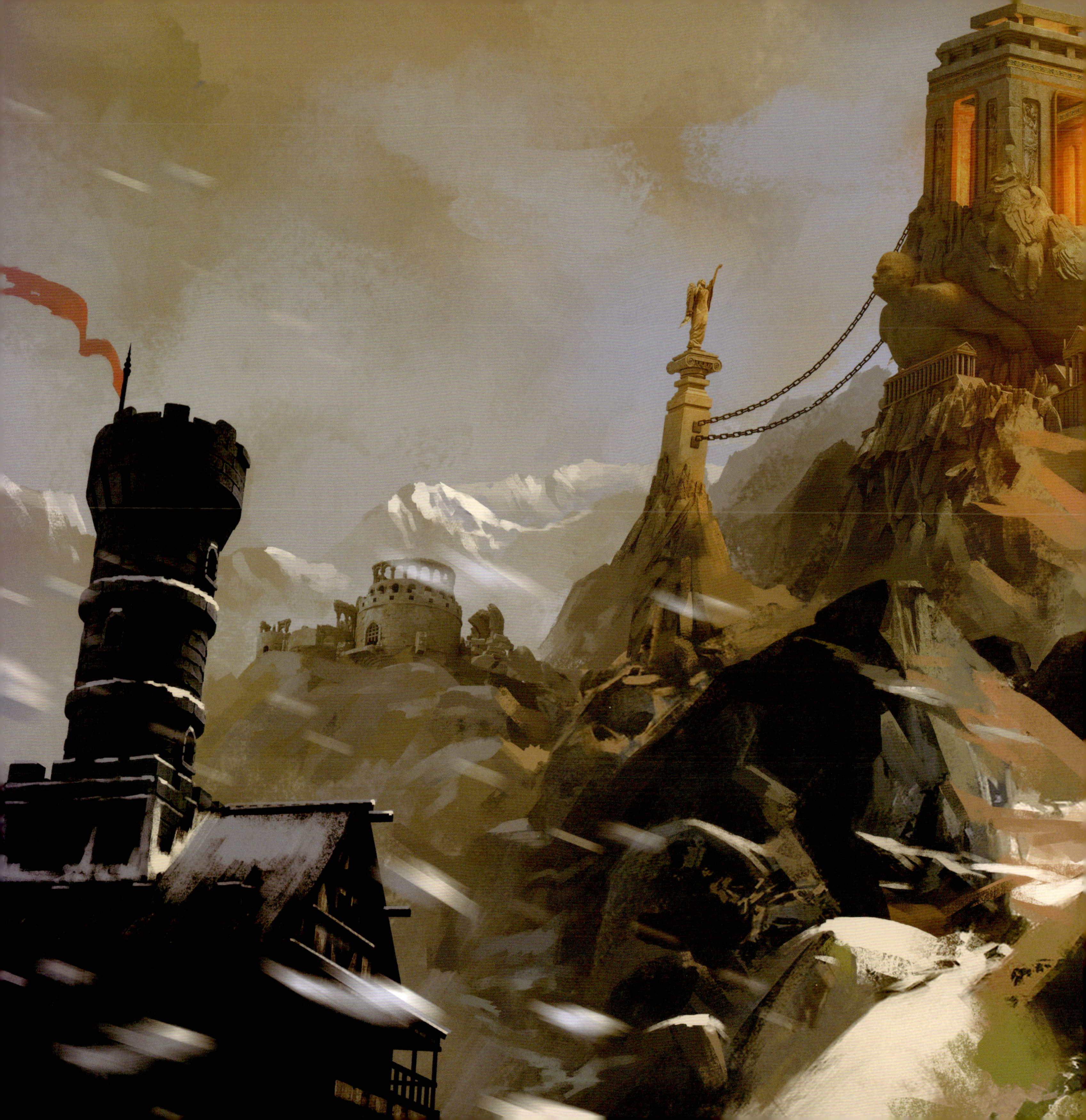

神迹之塔

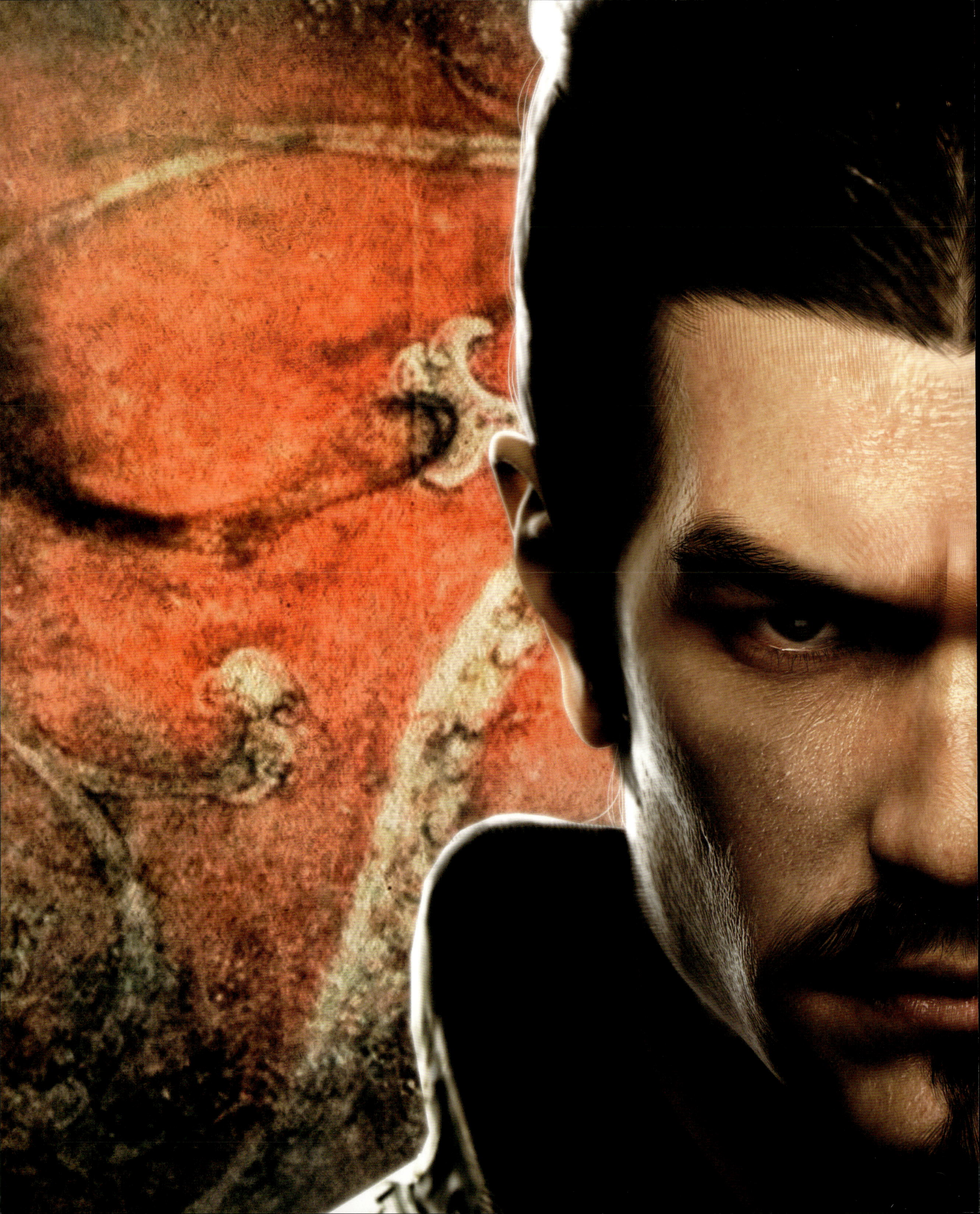

第七章 华夏

华夏君主

原画设计师解释说："图鉴于中世纪时期的华夏文明服饰和人物形象与其他文明并不匹配，我们必须违背现实，采用一些背后的幻想元素，但我们始终想要尽量保持真实性与趣味性，所以华夏文明以早于中世纪时期的秦汉文明为主基调。"

华夏人物概念设计

华夏君主全身像

结合了秦汉文化内容所创造出的华夏文明君主形象。

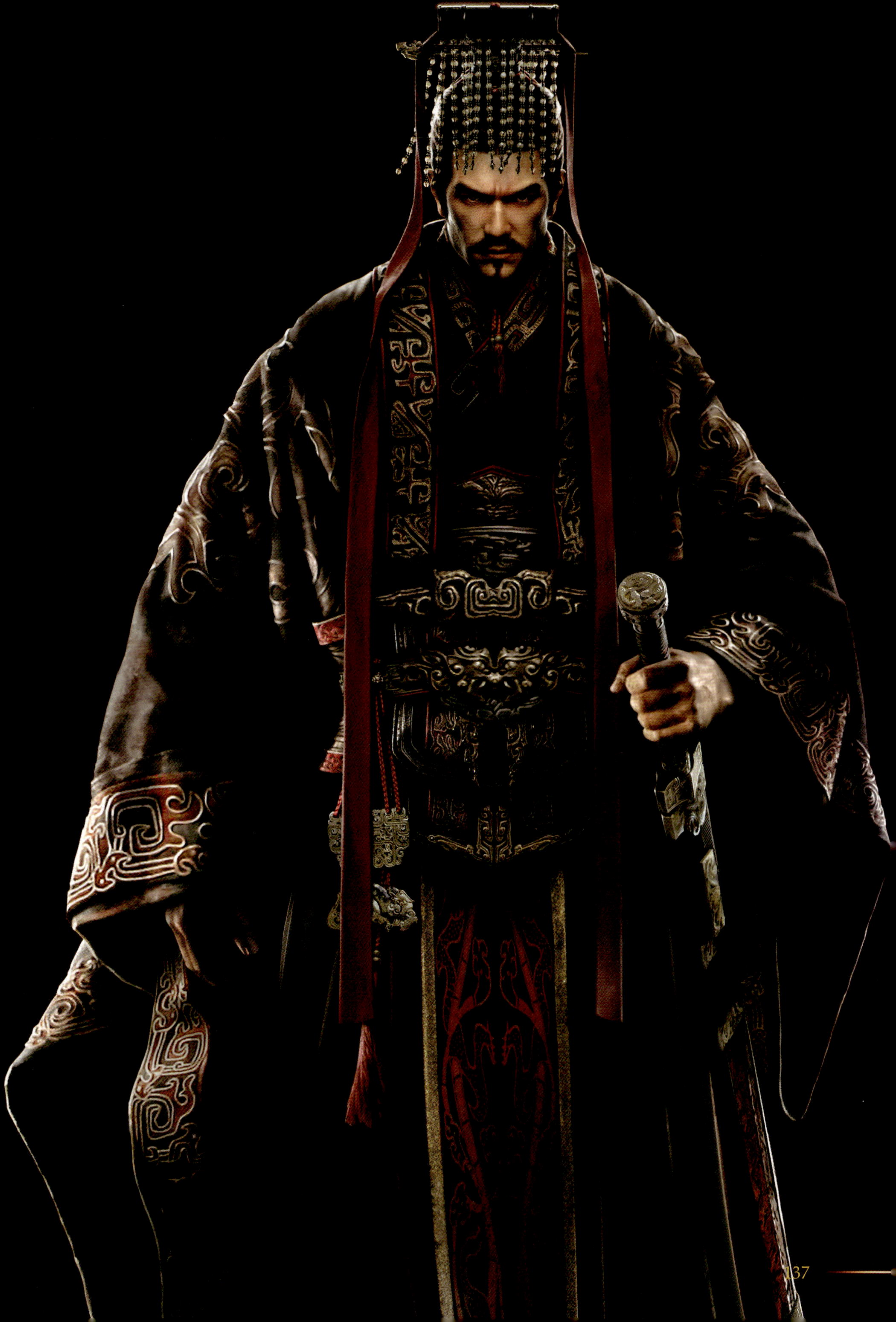

华夏英雄莫邪

游戏里的"铸剑大师"莫邪可以加速玩家的铸造与材料生产速度,拥有可以使玩家材料生产提速的专属技能"提纯技术"和可以缩短玩家装备锻造时间的专属技能"规范流程"。

原画设计师表示,铸剑大师的原画设计源于中国古代的传说故事,相传莫邪是春秋战国时期著名铸剑师干将的妻子,铸剑鼻祖欧冶子的女儿。某次夫妻二人合力给楚王铸造宝剑,并最终铸成一对绝世宝剑——雄剑"干将"以及雌剑"莫邪"。

步兵原画概念图

　　原画设计师表示，华夏文明的步兵形象在设计时参考了中国秦汉时期的军事形象。秦朝士兵的铠甲多用整片皮革或厚实的织棉制成，上面缀有金属或犀牛皮做的甲片。这从中国陕西省西安市出土的秦兵马俑的形象上可以清楚看到。另一种是用正方形或长方形甲片编缀起来，穿时从上套下，再用带钩扣住，里面衬上战袍。前一种为指挥人员所穿，后一种为普通士兵所穿。甲衣的样式因穿着者所属兵种和身份的不同，结构繁简也不一样。到了汉代，铁制锁甲已开始普及，穿戴铁甲逐渐成为制度。这从陕西省咸阳市出土的武士俑身上可以看到。这些武士俑的锁甲都涂着黑色。它的形制大体可分为两类：一类是扎甲，就是采用长方形甲片，将胸背两片甲在肩部用带系连，或另加披膊，这是普通士兵的装束；另一类是用鳞状的小型甲片编成，腰带以下和披膊等部位，仍用扎甲形式，以便活动，这可能是武将的装束。就单纯的设计风格而言，秦汉时期的服饰风格与中世纪时期的欧洲服饰风格更为相近。

弓兵原画概念图

　　原画设计师表示，华夏文明的弓兵设计主要源于中国古代秦国时期的弓弩手。据出土的秦俑记载，秦国时期的弓弩手在战场上的战斗力十分强大，配备着秦国最精良的武器，同时这些弓弩手在作战时可能连自卫的剑都没有。据原画设计师模拟还原发现，如果秦国的弓弩手佩有刀剑，会对更换箭矢造成不便，且即使带剑，对于冲到面前的敌人，他们的自卫能力也是非常有限的。所以弓弩手的周围都有强大的步兵专门护卫。重装弩手身上的铠甲，与其说是防卫敌人白刃攻击的，不如说是为了在两军对射中取得一定的防护优势。

　　秦国军队的重装弓弩手可以看作华夏帝国的一个缩影。他们身挂复合甲，手持劲弓强弩，组成了一个独立的方阵，进则摧枯拉朽，退则坚若磐石。弓弦弩机赋予他们超强的远程打击能力，类似于现代社会军事家提出的不接触战争。把自己置于敌人打击范围之外，单向打击对手，再加上机动的车兵、骑兵混合编队，与步兵本阵相互搭配，奇正相合。本阵展开正面对敌，重弓伴攻，强弩压阵，攻则集中火力，侧击破敌。车骑混合编队迂回包抄。

骑兵原画概念图

原画设计师表示，华夏文明的骑兵设计主要源于中国古代汉朝时期的骑兵。据出土的汉俑记载，汉朝时期骑兵已经是成建制地出现，汉朝骑兵集中排列，自成方阵，同时骑兵的人与马比例不太大，而且骑兵中有部分马匹披甲，马具包含头有辔、胸有靴、尾有鞧、背置马鞍、马镫，马上的骑士穿着和步兵一样的铠甲，同时还有专门用以踩踏马镫的靴子。上述特点清楚地勾勒出了当时骑兵已是独立的、有战斗力的兵种，同时骑兵分为着甲和不着甲两种，充分说明当时骑兵正处于发展的阶段。

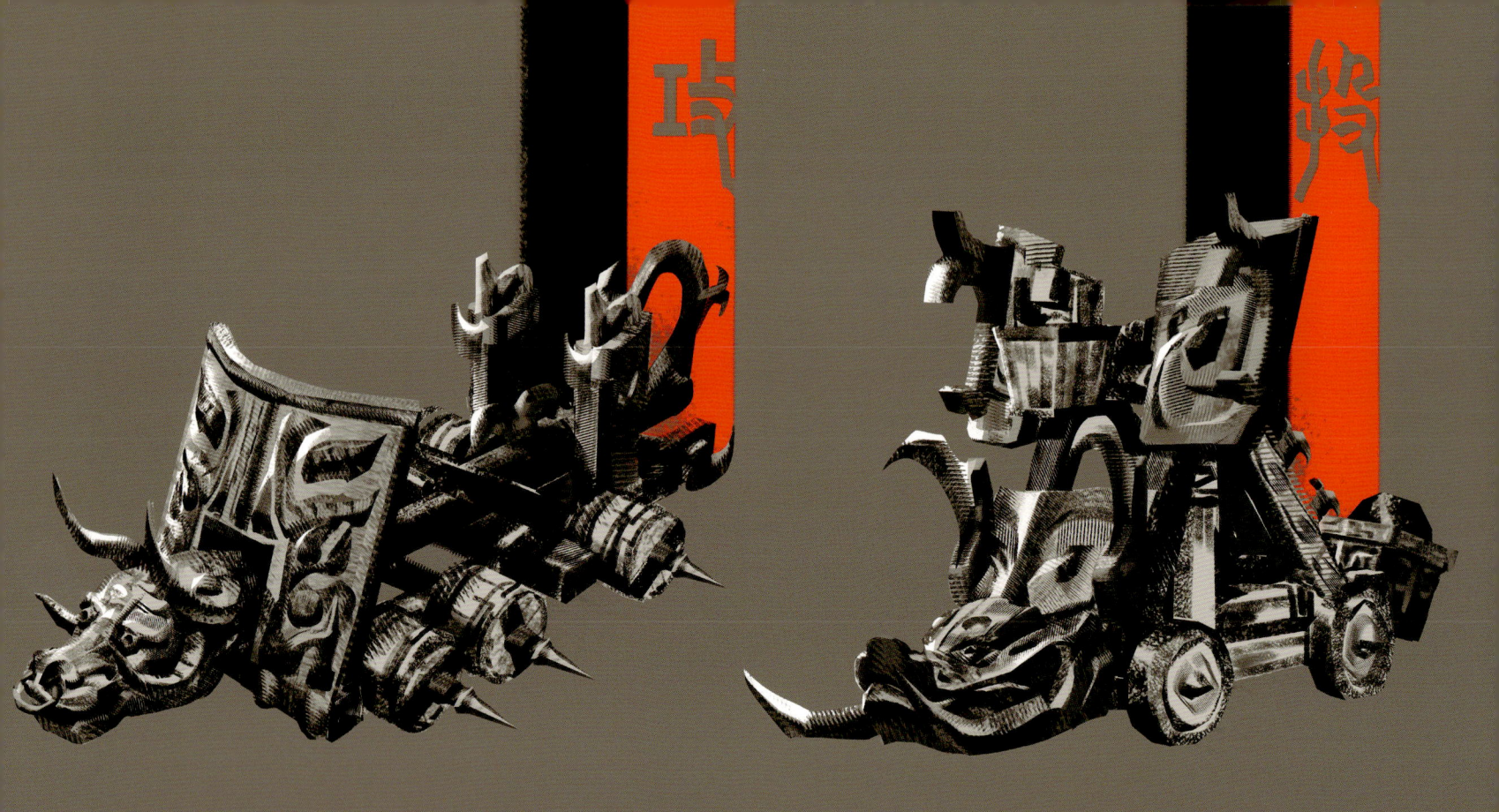

车兵原画概念图

　　原画设计师表示，华夏文明的战车设计主要源于中国古代秦国时期的战车设计。在秦国时期战车是战术性的武器，而骑兵则是战略性的力量。战争并不一定是双方拼得你死我活的硬撼，军队的机动性在战略方面表现得更好，具有高机动性的骑兵，更容易获得战场主动权，并能够在战斗处于劣势的情况下尽可能安全地撤出。战车的机动性劣于骑兵，虽然威力大，但是缺乏机动性，还需要步兵的协同，并且花费大量骑兵部队维护。同样情况下全骑兵部队显然更有优势，但这只体现在战略机动性上，而非总体战术上。

华夏文明建筑概念设计

华夏文明地图设计草图

原画设计师表示，华夏文明概念地图在设计之初有过很多版本，这是诸多设计图当中最具有代表性的三个地图。

文明崛起气象图三版

华夏文明概念图

原画设计师表示，在设计华夏文明的建筑时着重参考了中国古代秦汉时期的建筑风格，在设计建筑时，建筑规模更为宏大，组合更为多样。因为秦汉建筑是在商周时期已初步形成的某些重要艺术特点基础上发展而来，所以秦汉时期的文化统一，进一步地促进了中原与吴楚建筑文化的交流，导致较商周时期而言，秦汉时期的建筑规模更为宏大，组合更为多样。同时原画设计师表示，秦汉时的建筑主体仍为春秋战国以来盛行的高台建筑，呈团块状，取十字轴线对称组合，十分规整，尺度巨大，形象突出，追求象征含义。

华夏文明城内场景概念图

原画设计师表示，华夏文明城内场景主要采用中国古代的木构架建筑，在木构架建筑中常用的抬梁、穿斗、井干三种基本构架形式此时已经成型。并且斗拱在汉朝时期得到了极大的发展，它的种类十分之多，可谓达到了千奇百怪的程度。同时华夏建筑史上重要的成就之一——石砖，也是在此时开始使用。

银行　　　　　　　　　　　　　　　科学研究

监狱　　　　　　　　　　　　　　　兄弟会

华夏文明城内场景概念图

活动中心

仓库

147

华夏文明城内概念草图

这幅图是由原画师绘制的华夏文明王城概念原画草图，简单的黑白恰如其分地诠释出华夏文明的精髓。

华夏文明王城原画概念图

　　这张图是构想出的秦汉时期王城，就艺术角度而言，秦汉时期的王城更符合中世纪时期对应的华夏文明，王城矗立在画面的中央位置，仿佛一个巨人正要前行。日已西斜，但时机未到。这幅极有启发性的概念画作将美术团队对场景的设计意图告知设计师们，包括所要表达的情绪。

第八章 纷争再起

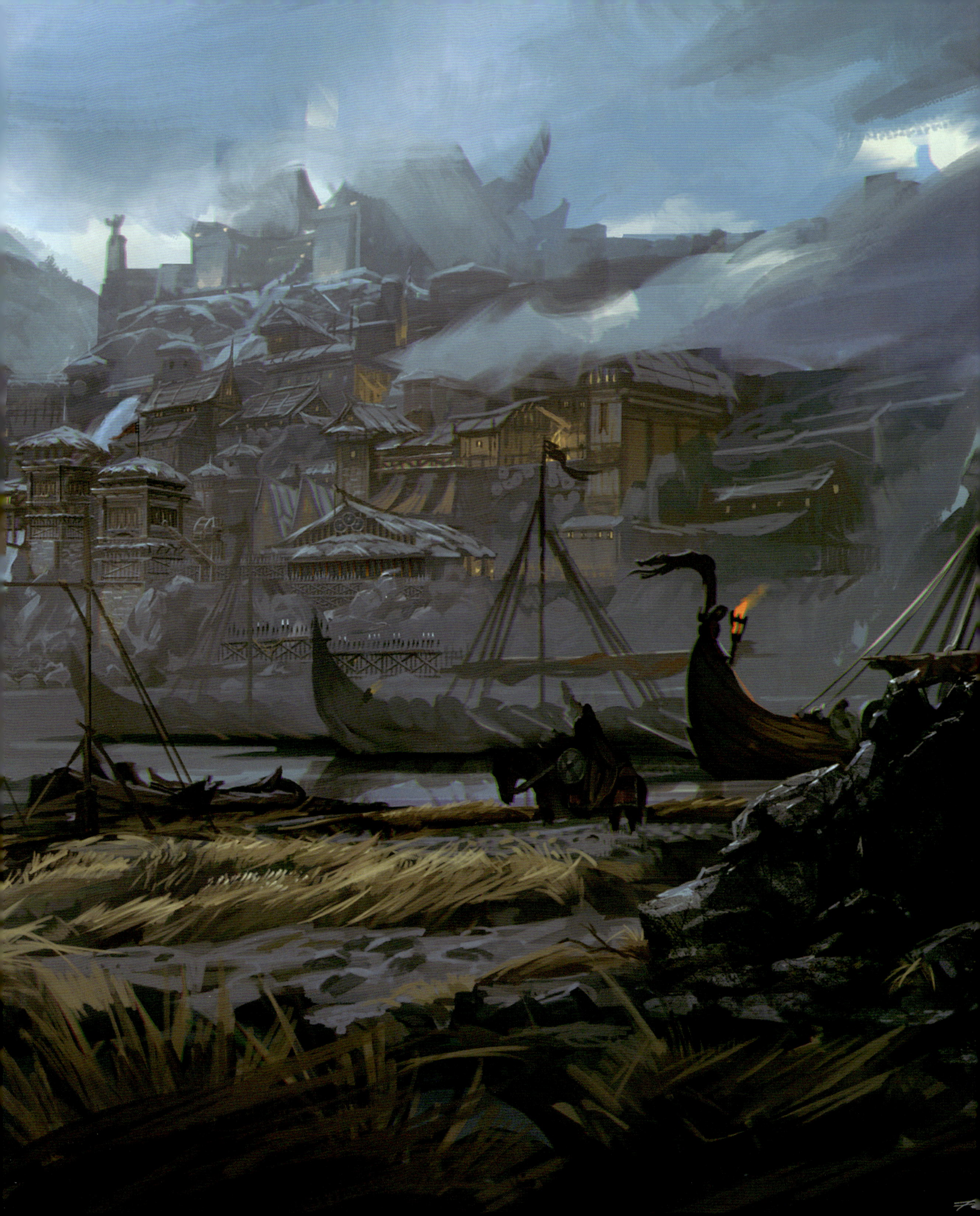

时间长老（初版草图）

赵云（初版草图）

时间长老概念草图

赵云概念草图

时间长老概念原画

伊利亚特大陆的一片废墟之中，曾经有一座恢宏的城池，很久以前在一场可怕战争中灰飞烟灭，就像湮灭在历史中的大多数王国一样。尽管如此，还是有一个人生还了下来——一个痴迷于追逐巨龙之力的学者。对于这样的学者而言，住在城市的图书馆之中再合适不过了。当毁灭的战火即将席卷至他的家乡之时，学者用自己的毕生所学做出了一个预测未来的实验，希望可以发现一个免予战火摧残的方法。然而实验脱离了轨道，当学者清醒过来的时候，他孤身一人站在城市的废墟之上，看着他曾想挽救的一切。学者来不及悲伤，他发现实验给他带来了掌握"时间"的力量和近乎永生的诅咒，他的余生将背负着痛苦的回忆踏上一条没有终点的路，也许在未来的某一天，会有一位领主来救赎这个背负巨大痛苦的悲伤灵魂。

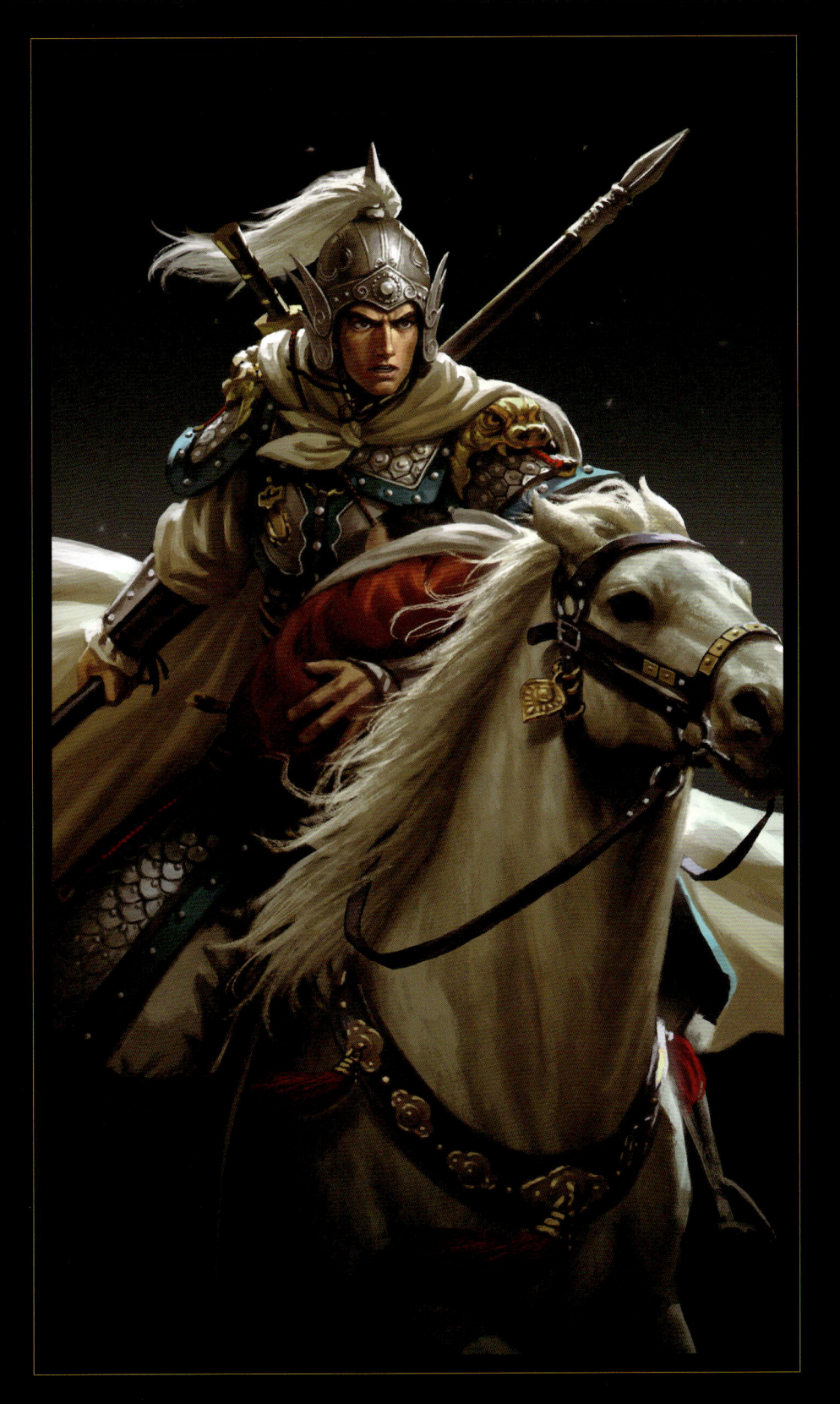

赵云概念原画

赵云，字子龙，华夏文明后裔。身长八尺，姿颜雄伟，华夏乱世时的名将。

在华夏文明动荡时期，赵云受本地领主推举，率领义从加入华夏文明大领主白马将军的麾下。征战期间结识了华夏文明的王族，被其仁德所征服，决心誓死追随这位贤明的领主。但是不久之后，赵云因为兄长去世而离开了白马将军的军队。赵云在安葬好兄长之后，便开始在伊芙妮大陆、伊森加德大陆、伊利亚特大陆辗转流浪。在流浪中赵云曾受雇于多位领主，征战无数，精通各国语言、武艺、策略。因百战百胜被世人尊称为常胜将军！又因骑术、枪术无人能与之匹敌，故又有最强骑兵之称！

神秘海域，八王之战

虽然各个大陆上的吟游诗人都在吟诵本民族的英雄和曾经的辉煌，但在所有吟游诗人的口中，有一段内容却惊人相似，一直被所有人吟唱至今：

巨龙与泰坦爆发的冲突，导致了一场灭世滔天洪水，
人类在各自守望者的带领下，躲避到了"世界之心"，
洪水散去后，人们在王的带领下重新返回自己的家园。
巨龙与泰坦沉睡前将他们的力量遗留在了"世界之心"，
那里的宝藏就像天上的星星一样多。

由于年代久远，传世资料甚少，即便是掌握最多资料的秘龙社也是毫无头绪。"世界之心"就像从这个世界凭空消失了一样，再也没有人找到过，"世界之心"的秘密只散落在人类的史诗和吟游诗人的口中。

　　泰利德尔王统一北地后，开始重新热衷寻找龙之秘宝，相传龙之秘宝可能就在"世界之心"。但是搜寻很久依然没有下落，直至他身死，"世界之心"仍然只是一个传说。

　　维京人的一支船队探险到达了神秘海域深处，在那里发现了一座巨大的古老传送门，在传送门周围散落了很多宝物，他们试图开启传送门，却触发了机关，将封印的暗影军团释放了出来。

神秘旅人

船队遭到怪物的攻击，立即被摧毁，只有一人逃了出来，其他人全部葬身深海。

幸存的维京人乔装成旅行商人的模样，兜售带出来的物品。他心里知道暗影军团很快就要从神秘海域过来，袭击城邦，所有军队都无法抵御那么强大的生灵。他必须尽快换取更多的资源向东逃往神秘的东方古国躲避灾难。

胆小而自私的商人最终没有掩盖住这个秘密，暗影军团马上要攻击城邦的消息不胫而走，王国上下充斥着紧张的气氛。随之而来的是一小部分人开始猜测暗影军团是否来自已经失落很久的"世界之心"。

暗影军团

面对暗影军团来袭的恐惧的同时，"世界之心"内无穷的力量与无尽的宝藏也深深吸引着人们，一些疯狂的、冒险的想法也开始在城邦内悄悄蔓延开来。启动古老传送门，前往"世界之心"获取那里的无尽力量和宝藏，就能统治整个世界。

传送门

在吟游诗人的口中，远古灭世洪水暴发的时候，有一位王国的守望者，带领五位英雄共同打开了"世界之心"的大门，让人类躲过了灭顶之灾。

年代久远，那位作为王国的守望者和五位英雄早已不在，但他们的后裔仍然具有他们身上强大的能力。只要找到那位王国守望者的后裔和五位英雄，就有可能打开"世界之心"的大门。

五位英雄的后裔已经聚集在了传送门前，只有王国的守望者一直没有下落。

传言能够唤醒五位英雄体内远古之力的人就是王国的守望者。

那位王国的守望者是不是你呢？

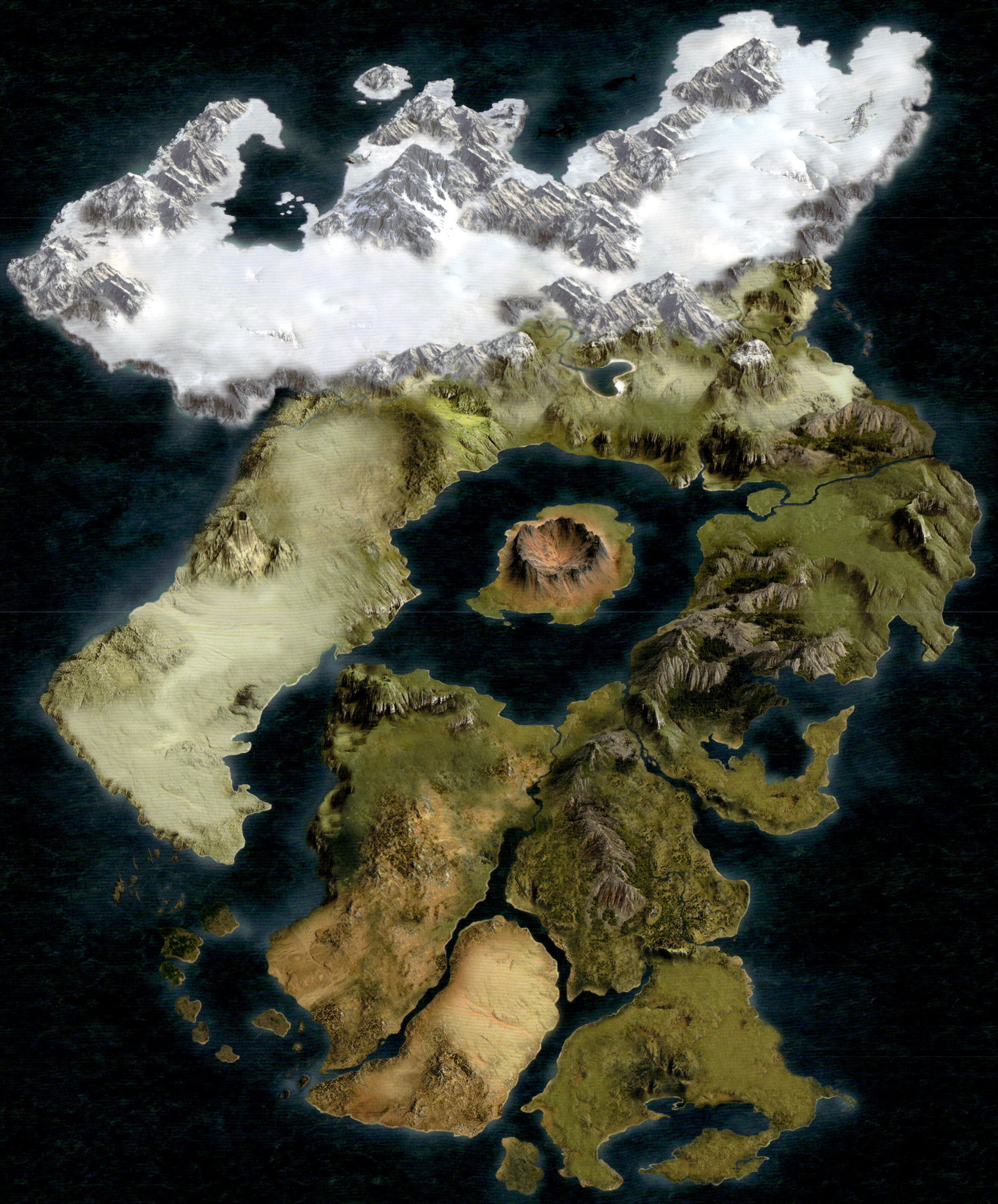

图书在版编目（CIP）数据

起源：艺术设定集 /《COK 列王的纷争》游戏工作室著 . —— 北京：新星出版社，2020.5
（《列王的纷争》丛书）
ISBN 978-7-5133-3646-8

Ⅰ.①起… Ⅱ.①C… Ⅲ.①电子游戏－图集 Ⅳ.① G898.3-64

中国版本图书馆 CIP 数据核字（2019）第 279323 号

《列王的纷争》丛书

起源：艺术设定集

《COK 列王的纷争》游戏工作室　著

出版策划：	姜　淮　黄　艳
责任编辑：	杨　猛
责任校对：	刘　义
责任印制：	李珊珊
装帧设计：	冷暖儿
内文排版：	刘洁琼

出版发行：	新星出版社
出 版 人：	马汝军
社　　址：	北京市西城区车公庄大街丙3号楼　　100044
网　　址：	www.newstarpress.com
电　　话：	010-88310888
传　　真：	010-65270449
法律顾问：	北京市岳成律师事务所

读者服务：010-88310811　　service@newstarpress.com
邮购地址：北京市西城区车公庄大街丙 3 号楼　　100044

印　　刷：	北京雅昌艺术印刷有限公司
开　　本：	635mm×965mm　　1/8
印　　张：	20.5
字　　数：	100千字
版　　次：	2020年5月第一版　　2020年5月第一次印刷
书　　号：	ISBN 978-7-5133-3646-8
定　　价：	168.00元

版权专有，侵权必究；如有质量问题，请与印刷厂联系调换。